沈阳海关年鉴

2022

《沈阳海关年鉴（2022）》编纂委员会——编著

中国海关出版社有限公司
·北京·

图书在版编目（CIP）数据

沈阳海关年鉴.2022/《沈阳海关年鉴（2022）》编纂委员会编著．—北京：中国海关出版社有限公司，2023.4

（中国海关史料丛书）

ISBN 978－7－5175－0646－1

Ⅰ.①沈…　Ⅱ.①沈…　Ⅲ.①海关—沈阳—2022—年鉴　Ⅳ.①F752.55-54

中国国家版本馆CIP数据核字（2023）第036554号

沈阳海关年鉴（2022）
SHENYANG HAIGUAN NIANJIAN（2022）

作　　者：《沈阳海关年鉴（2022）》编纂委员会	
责任编辑：熊　芬	
出版发行：中国海关出版社有限公司	
社　　址：北京市朝阳区东四环南路甲1号	邮政编码：100023
编 辑 部：01065194242-7528（电话）	
发 行 部：01065194221/4238/4246/5127（电话）	
社办书店：01065195616（电话）	
https://weidian.com/? userid=319526934（网址）	
印　　刷：北京中献拓方科技发展有限公司	经　　销：新华书店
开　　本：889mm×1194mm　1/16	
印　　张：14.25	字　　数：290千字
版　　次：2023年4月第1版	
印　　次：2023年4月第1次印刷	
书　　号：ISBN 978－7－5175－0646－1	
定　　价：160.00元	

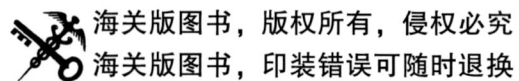

海关版图书，版权所有，侵权必究
海关版图书，印装错误可随时退换

《沈阳海关年鉴（2022）》编纂委员会

主　任　委　员　　郝炜明

副主任委员　　赵春平　苏英华　袁文泽　韩　勇　齐　溟
　　　　　　　　王守嵩　张广泰

编纂委员会委员　　冯　宇　李　哲　马晓龙　霍　焱　汪清华
　　　　　　　　赵　剑　王可成　陈　伟　魏　莱　钱东伟
　　　　　　　　郑维璞　张慧芳　姜　莉　张凯君　韩　特
　　　　　　　　杨　华　王大安　张洪锋　张　雷　焦秋敏
　　　　　　　　张青山　刘　伟　翟　鹏　任凤朝　王　程
　　　　　　　　张云飞　邱　力　蔺　哲　徐浚哲　马宪泰
　　　　　　　　吴爱军　崔跃东　王　禹　伦晓飞　郑德有
　　　　　　　　乔　庚　魏　钢　查恩忠　樊　越　马　磊
　　　　　　　　孙　文　张　波

《沈阳海关年鉴（2022）》编辑部

总　　　编　　韩　勇

副　总　编　　马东驰　吴东权　冯　宇　杨　华　钱东伟
　　　　　　　张慧芳　韩　特　吴大为　张洪锋

执 行 主 编　　宋　军

执行副主编　　王钧书　葛芯岚　孙　韬　李颖娟　王海城
　　　　　　　李振东

编辑部成员　　康严月　李春芳　刘永顺　翟文涛　高　瑞
　　　　　　　付海滨　耿庆华　王　枫　刘　鑫　蔡　伟
　　　　　　　王　冰　徐红烨　刘宝义　梁俊莉　刁晓文
　　　　　　　王　雪　杨戊辰　张学东　卜松涛　李佳琪
　　　　　　　刘泽群　林春铭　张　丹　陈乃斌　任铄侨
　　　　　　　邹孟飞　崔　寒　王泽鸿　王璐璐　王艺澄
　　　　　　　刘永顺　韩笑晨　胡　戈　周姣娇　郭　郁
　　　　　　　董金权　崔宇舒　孟　帅　李迎亚　张曦文
　　　　　　　胡珺晰　张　凡　蔡　宇　马　强　尹雨晴
　　　　　　　李文倩　张艺子　张之帝

序　言

"一邑之典章文物，皆系于志。"修志资政旨在"述往事、思来者"，以达到"彰往而察来"的目的，是中华民族的优秀文化传统和独特发展基因。中国共产党历来重视编修和应用地方志。1942年1月公布实施的《陕甘宁边区县政府组织暂行条例》规定了修志工作的责任主体，是中国共产党关于地方志最早的制度安排。

党的十八大以来，以习近平同志为核心的党中央高度重视地方志工作。2015年，国务院办公厅印发《全国地方志事业发展规划纲要（2015—2020年）》，首次对全国地方志事业发展做出了全面科学的顶层设计，并将"加强修史修志"写入国家"十三五"规划。修志在传承弘扬中华优秀传统文化、推进社会主义文化强国建设中发挥着越来越重要的作用。

年鉴属于志书范畴，对人们了解一个地方、行业、领域的历史具有重要作用。"十四五"开局之年启动海关年鉴编纂工作，是深入学习贯彻习近平总书记重要指示批示精神的重大举措，是做好年鉴编纂工作，打造精品年鉴的实际行动。年鉴作为记载新时代中国海关发展进程的编年史，有助于我们从海关历史中汲取丰富营养和智慧，为社会主义现代化海关改革发展提供强大的精神动力和丰富的史实支撑；有助于提高沈阳海关广大党员干部的政治意识和历史责任，找准新时代海关工作在国家大局中的定位和方向；有助于打造讲好海关故事、树立良好社会形象的重要窗口和名片，为社会主义现代化海关建设营造良好氛围。

《沈阳海关年鉴》始终坚持以习近平新时代中国特色社会主义思想为指导，增强"四个意识"、坚定"四个自信"、做到"两个维护"，坚持用唯物史观和正确党史观记述分析事件，全面客观记载沈阳海关坚决贯彻落实习近平总书记重要指示批示精神，在服务国家战略、促进地方经济发展、强化监管优化服务、抓队伍强管理等各项工作中取得的成绩。

《沈阳海关年鉴》坚持科学严谨、实事求是的工作作风，广泛开展调查研究，认真搜集整理资料，全面掌握沈阳海关发展实际，为年鉴编纂提供翔实可靠的第一手资料，强化"可信、可用、可读、可存、可鉴"的编纂理念，对资料进行认真细致的鉴别考证，每一个事实、每一个数据都经得起历史的检验。

《沈阳海关年鉴》彰显沈阳海关特色和地域特点。从内容上突出海关职能，全面反映沈阳海关在口岸监管、税收征管、查缉走私、海关统计、检验检疫、队伍建设等方面的改革发展新思路、新业绩和宝贵经验；从形式上反映海关数据的权威性和准确性，发挥海关统计数据在年鉴记述中的重要作用；从地域上强化海关年鉴的使用价值和社会效益，客观反映沈阳海关在服务地方经济、稳外贸、促发展中提供的决策参考。

目　录

写在前面的话 …………………………… 1
海关专题图片 …………………………… 1

第一篇　特　载

在 2021 年沈阳海关工作会议上的讲话 …… 3
在 2021 年沈阳海关全面从严治党工作
　会议上的讲话 ………………………… 16

第二篇　专　记

庆祝建党 100 周年和党史学习教育 …… 27
学习贯彻十九届六中全会精神 ………… 29
统筹口岸疫情防控和促进外贸稳增长 …… 32
优化口岸营商环境打造对外开放新
　前沿 …………………………………… 36
打击走私重点专项工作 ………………… 39
开展国门生物安全与食品安全行动 …… 41

第三篇　政治建设

党建工作 ………………………………… 47
　宣传思想文化 ………………………… 47
　基层组织建设 ………………………… 48
　党风廉政工作 ………………………… 49
　群团工作 ……………………………… 50
巡视巡察 ………………………………… 53
　巡视整改工作 ………………………… 53
　巡察工作 ……………………………… 54
纪检监察 ………………………………… 56
　监督检查 ……………………………… 56
　执纪问责 ……………………………… 57
　以案促改 ……………………………… 57
　队伍建设 ……………………………… 57
队伍管理 ………………………………… 59
　机构编制管理 ………………………… 59
　干部人事管理 ………………………… 59
　人才队伍建设 ………………………… 60
　教育培训 ……………………………… 60
离退休干部管理 ………………………… 61
　离退休干部党建工作 ………………… 61
　离退休干部政治理论学习 …………… 61
　离退休干部"三化"建设 …………… 62
　离退休干部服务保障 ………………… 62
　离退休干部发挥作用 ………………… 62

第四篇　业务建设

口岸营商环境 …………………………… 67

概况 …………………………… 67
　　口岸开放与发展 ……………… 67
　　口岸通关便利化 ……………… 67

法治建设 ………………………… 69
　　概况 …………………………… 69
　　法治保障 ……………………… 69
　　法规管理 ……………………… 70
　　法制协调和法治宣传 ………… 70
　　复议应诉 ……………………… 71

业务改革与发展 ………………… 73
　　概况 …………………………… 73
　　业务改革协调 ………………… 73
　　通关运行管理 ………………… 74
　　贸易管制与技术规范 ………… 74
　　知识产权海关保护 …………… 75

特殊监管区域管理 ……………… 76
　　制度创新 ……………………… 76
　　特殊监管区域 ………………… 76
　　沈阳海关创新"银关保"政策助力
　　　东北地区首次艺术品保税展示交易
　　　业务开展 …………………… 77

风险管理 ………………………… 78
　　风险信息 ……………………… 78
　　风险预警评估 ………………… 78
　　风险分析处置 ………………… 78
　　大数据应用 …………………… 80
　　口岸风险联合防控 …………… 80

关税征管 ………………………… 81
　　税则税政 ……………………… 81
　　估价管理 ……………………… 81
　　税收征管 ……………………… 81
　　原产地管理 …………………… 82

卫生检疫 ………………………… 83
　　检疫管理 ……………………… 83
　　疾病监测 ……………………… 84
　　卫生监督 ……………………… 84
　　完成世界卫生组织对中国首场
　　　消除疟疾认证评估工作 …… 84

动植物检疫和食品安全监管 …… 86
　　进出境动物检疫 ……………… 86
　　进出境植物检疫 ……………… 87
　　全国首次在进境种禽中检出禽
　　　白血病 ……………………… 88
　　进出口食品安全 ……………… 88

商品检验 ………………………… 90
　　概况 …………………………… 90
　　进口商品检验 ………………… 90
　　出口商品检验 ………………… 91

口岸监管 ………………………… 92
　　运输工具监管 ………………… 92
　　货物监管 ……………………… 92
　　快件邮件监管 ………………… 92
　　跨境电商 ……………………… 93
　　监管场所场地 ………………… 93
　　智能审图 ……………………… 94
　　口岸监管环节反恐 …………… 94
　　安全生产 ……………………… 94

统计分析及政策研究 …………… 96
　　概况 …………………………… 96
　　统计调查 ……………………… 96
　　贸易统计 ……………………… 96
　　业务统计 ……………………… 97

统计数据运用和管理 …………… 97
　　政策研究 ……………………… 98
　　监测预警 ……………………… 98

企业管理和稽查 …………………… 100
　　企业管理 ……………………… 100
　　保税监管 ……………………… 101
　　稽查核查 ……………………… 102
　　属地查检 ……………………… 103
　　审核监督 ……………………… 103

查缉走私 …………………………… 105
　　概况 …………………………… 105
　　打击涉税走私 ………………… 105
　　打击非涉税走私 ……………… 106
　　智慧缉私 ……………………… 107
　　行政处罚 ……………………… 107
　　综合治理 ……………………… 107

第五篇　政务及后勤保障

政务管理 …………………………… 111
　　应急值守 ……………………… 111
　　政务信息 ……………………… 111
　　会议管理 ……………………… 111
　　公文处理 ……………………… 111
　　督查督办 ……………………… 112
　　建议提案办理 ………………… 112
　　保密管理 ……………………… 112
　　档案管理 ……………………… 112
　　政务公开 ……………………… 112

　　信访工作 ……………………… 112
　　新闻宣传 ……………………… 112

财务管理 …………………………… 114
　　税费财务管理 ………………… 114
　　预决算管理 …………………… 114
　　国库集中支付管理 …………… 115
　　涉案财物管理 ………………… 115
　　企事业财务管理 ……………… 115
　　机关财务管理 ………………… 116
　　基建管理 ……………………… 116
　　装备管理 ……………………… 116
　　资产管理 ……………………… 116

科技发展 …………………………… 118
　　概况 …………………………… 118
　　安全工作 ……………………… 118
　　智慧海关建设 ………………… 119
　　实验室建设 …………………… 119
　　科研成果 ……………………… 119

督察内审 …………………………… 121
　　督察监督 ……………………… 121
　　内部审计 ……………………… 121
　　内控建设 ……………………… 122
　　执法评估 ……………………… 122

第六篇　直属企业事业单位和群众团体

沈阳海关后勤管理中心 …………… 127
　　概况 …………………………… 127
　　政治建设 ……………………… 127

制度建设 …………………… 128
国企改制和企业脱钩 ………… 128
国家电子电器重点实验室和保健
　中心实验室改造项目 ………… 128
巡视整改落实 ………………… 128
内部疫情防控 ………………… 129
政府采购和涉案财物仓储
　管理 ………………………… 129
维修和物业维运工作 ………… 130
财务预算管理 ………………… 130
公务车辆管理 ………………… 130
创新民生服务 ………………… 130

中国电子口岸数据中心沈阳海关数据分中心 ……………… 131
概况 …………………………… 131
党的建设 ……………………… 131
科技服务 ……………………… 132
疫情防控 ……………………… 132

沈阳海关技术中心 ……………… 133
概况 …………………………… 133
在进境鸡雏中检出禽白血病病毒
　27批抗原14项次 …………… 133
组织开展国门生物安全标
　本展 ………………………… 133
取得批准筹建总署进口废弃机电
　产品属性鉴定常规实验室
　（沈阳）资格 ……………… 133

沈阳国际旅行卫生保健中心 …… 134
概况 …………………………… 134
党的建设 ……………………… 134
业务管理 ……………………… 134

疫情防控 ……………………… 135

沈阳海关学会（群众团体） …… 137
概况 …………………………… 137
征文工作 ……………………… 137
组织工作 ……………………… 137
志书工作 ……………………… 137

第七篇　各隶属海关单位

沈阳桃仙机场海关 ……………… 141
概况 …………………………… 141
党的建设 ……………………… 141
监管业务 ……………………… 142
查缉走私 ……………………… 142
卫生检疫 ……………………… 142
动植物和食品检疫 …………… 143
优化营商环境 ………………… 143
口岸发展 ……………………… 144
安全生产 ……………………… 145
队伍管理 ……………………… 145

沈阳邮局海关 …………………… 146
概况 …………………………… 146
党的建设 ……………………… 146
监管业务 ……………………… 147
查缉走私 ……………………… 147
动植物和食品检疫 …………… 147
业务改革 ……………………… 148
安全生产 ……………………… 148
疫情防控 ……………………… 148

队伍管理 …………………… 149
铁西海关 …………………………… 150
　　概况 ………………………… 150
　　党的建设 …………………… 150
　　监管业务 …………………… 151
　　税收征管 …………………… 152
　　卫生检疫 …………………… 153
　　动植物和食品检疫 ………… 153
　　商品检验 …………………… 153
　　企业管理与稽查 …………… 154
浑南海关 …………………………… 155
　　概况 ………………………… 155
　　党的建设 …………………… 155
　　税收征管 …………………… 156
　　企业管理与稽查 …………… 156
　　风险管理 …………………… 157
　　法治建设 …………………… 157
辽中海关 …………………………… 158
　　概况 ………………………… 158
　　党的建设 …………………… 158
　　监管业务 …………………… 159
　　卫生检疫 …………………… 159
　　动植物和食品检疫 ………… 159
　　优化营商环境 ……………… 160
　　业务改革 …………………… 160
　　督查内审 …………………… 161
　　队伍管理 …………………… 161
抚顺海关 …………………………… 162
　　概况 ………………………… 162
　　党的建设 …………………… 162
　　动植物和食品检疫 ………… 162

　　商品检验 …………………… 163
　　企业管理与稽查 …………… 163
　　优化营商环境 ……………… 163
　　安全生产 …………………… 163
锦州海关 …………………………… 165
　　概况 ………………………… 165
　　党的建设 …………………… 165
　　监管业务 …………………… 166
　　税收征管 …………………… 166
　　查缉打私 …………………… 166
　　卫生检疫 …………………… 166
　　动植物和食品检疫 ………… 167
　　企业管理与稽查 …………… 167
　　优化营商环境 ……………… 167
　　科技发展 …………………… 168
阜新海关 …………………………… 169
　　概况 ………………………… 169
　　党的建设 …………………… 169
　　税收征管 …………………… 170
　　海关统计 …………………… 170
　　动植物和食品检疫 ………… 170
　　商品检验 …………………… 171
　　企业管理与稽查 …………… 171
　　疫情防控 …………………… 171
辽阳海关 …………………………… 172
　　概况 ………………………… 172
　　党的建设 …………………… 172
　　监管业务 …………………… 173
　　企业管理与稽查 …………… 173
　　优化营商环境 ……………… 173
　　统计分析 …………………… 174

疫情防控	174	优化营商环境	183
安全生产	174	保障重点项目	183

铁岭海关 ……………………… 175

    概况 ……………………………… 175

    党的建设 ………………………… 175

    监管业务 ………………………… 176

    税收征管 ………………………… 176

    动植物和食品检疫 ……………… 177

    疫情防控 ………………………… 177

    财务及后勤保障 ………………… 177

辽宁朝阳海关 ………………… 178

    概况 ……………………………… 178

    党的建设 ………………………… 178

    税收征管 ………………………… 179

    海关统计 ………………………… 179

    动植物和食品检疫 ……………… 179

    商品检验 ………………………… 179

    企业管理与稽查 ………………… 180

    法治建设 ………………………… 180

葫芦岛海关 …………………… 181

    概况 ……………………………… 181

    党的建设 ………………………… 181

    监管业务 ………………………… 182

    疫情防控 ………………………… 182

    税收征管 ………………………… 182

    海关统计 ………………………… 182

    查缉走私 ………………………… 182

    商品检验 ………………………… 182

    企业管理和稽核查 ……………… 183

沈抚新区海关 ………………… 185

    概况 ……………………………… 185

    党的建设 ………………………… 185

    职责调整 ………………………… 186

    税收征管 ………………………… 186

    动植物和食品检疫 ……………… 186

    优化营商环境 …………………… 187

    安全生产 ………………………… 187

    疫情防控 ………………………… 187

第八篇　大事记

大事记 ……………………………… 191

第九篇　荣誉榜

建党百年荣获全国、海关总署、辽宁省、沈阳海关"两优一先"名录 ………… 201

"中国海关史料丛书"编委会

"中国海关史料丛书"编委会 ……… 203

写在前面的话

中华人民共和国沈阳海关是隶属中华人民共和国海关总署的正厅级单位。沈阳海关管辖范围为辽宁省内沈阳、抚顺、辽阳、锦州、阜新、葫芦岛、铁岭和朝阳8个市的进出境业务；设有15个正处级内设机构、3个正处级机构（机关党委、监察室、离退休干部办公室），下设正处级隶属海关单位14个（沈阳桃仙机场海关、沈阳邮局海关、铁西海关、浑南海关、辽中海关、抚顺海关、锦州海关、阜新海关、辽阳海关、铁岭海关、辽宁朝阳海关、葫芦岛海关、沈抚新区海关、风险防控分局），向隶属海关派驻纪检组7个，所属事业单位8个。截至2021年年底，沈阳海关实有行政编制832人，实有事业编制136人。

沈阳海关历史悠久，自光绪三十三年（1907年）清政府在奉天省城设立奉天关，历经清朝末期、中华民国、伪"满洲国"、中华人民共和国4个历史时期，史称奉天关、奉天税关、沈阳关。

1948年11月2日沈阳解放后，沈阳地区海关业务暂由东北税务总局税政处关税科办理。1949年9月16日，东北海关管理局在沈阳成立，统一管理东北地区海关机构，并具体承办沈阳地区货运监管、征收关税和查缉走私等业务。1953年2月27日，东北海关管理局撤销，正式成立中华人民共和国沈阳关，下设哈尔滨分关。沈阳关承担沈阳和哈尔滨地区空运、陆运、江运、邮运进出境货物、行李物品、邮递物品监管，以及中朝边境海关所在地以外地区查缉走私业务，并协助东北各关开展地区性易货贸易综合计划工作。

改革开放后，沈阳关业务逐步恢复。随着改革开放的不断深入，辽沈地区经济蓬勃发展，沈阳关业务快速增加。1980年2月，国务院颁布的《关于改革海关管理体制的决定》将全国海关建制收归中央统一管理，沈阳关正式更名为沈阳海关，海关总署直属领导。1984年4月起，美国、日本、朝鲜等国家先后在沈阳设立总领事馆，沈阳陆续开通国际及地区航线，这使沈阳海关监管领域更加全面，监管征税等业务发展更加迅速。

1985年3月13日，海关总署批准沈阳海关升格为沈阳市属局级单位。1990年5月，恢复为海关总署直属领导。随着东北老工业基地振兴，沈阳海关监管进出口货物量大幅度增加，逐步发展成集海运、陆运、空运、邮运业务门类比较齐全的内陆海关。2002年10月25日，经国务院批准，沈阳海关升格为海关总署直属正厅级机构。

2018年2月26日至28日，党的十九届三中全会审议通过了《中共中央关于深化党和国家机构改革的决定》和《深化党和国家机构改革方案》，明确"将国家质量监督检验检疫总局的出入境检验检疫管理职责和队伍划入海关总署"。沈阳海关以习近平新时代中国特色社会主义思想为指导，马上就办、真抓实干，以推进党和国家机构职能优化协同高效为着力点，改革机构设置，优化职能配置，全面贯彻"先立后破、不立不破"原则，准确把握深化党和国家机构改革的总体要求、关键环节和时间节点，紧紧抓住转变职能这个关键，科学制订"三定"方案，理顺职责、优化流程、强化部门间分工协作，不断提高沈阳海关运转效率效能，实现了海关原有管理职责和检验检疫管理职责的深度融合、有机融合，达到"1+1>2"的效果，展现了沈阳海关新风貌，把自身锻造成一支整齐划一、忠诚干净担当的准军事化海关纪律部队。铁岭、朝阳、阜新三地新设海关机构开关运行，为辽宁"突破辽西北"战略提供有力支持，抚顺、辽阳等7个隶属海关完成更名挂牌，沈抚新区海关揭牌正式对外办理业务，机构改革批复隶属海关全部开关。

2021年，面对世纪疫情的重大考验和监管服务的繁重任务，沈阳海关在海关总署党委的领导下，以政治建设为统领，全面推进"政治建关、改革强关、依法把关、科技兴关、从严治关"建设，统筹抓好口岸疫情防控和促进外贸稳增长，各项工作取得新成绩。沈阳海关深入贯彻落实习近平总书记关于打击"洋垃圾"、濒危物种及其制品、"水客"等走私重要指示批示精神，全面落实党中央、国务院重大决策部署，抓党建、防风险、强基础、促改革，统筹推进口岸疫情防控和促进外贸稳增长，坚持以服务扩大开放为己任，强化监管优化服务，不断推进政治机关建设，强化实际监管效能，稳步提升税收征管质量，深化巩固检验检疫防线，发挥统计分析作用，加大打击走私力度，筑牢国门安全屏障，促进辽沈地区对外开放高质量发展。

在新的历史起点上，沈阳海关将不辱使命，锐意进取、团结奋斗，努力开创海关工作新局面，为推动实现"十四五"良好开局，建设社会主义现代化强国做出更大贡献。

海关专题图片

领导活动

▲2021年2月，沈阳海关召开2021年工作会议、全面从严治党工作会议

▲2021年5月，沈阳海关举办升国旗仪式

2021年3月,沈阳海关关长郝炜明(左一)在企业调研

2021年4月,沈阳海关关长郝炜明(中)参加办公室党支部党日活动

2021年3月,沈阳海关关长郝炜明(右一)参观国门生物安全监测标本展

◀ 2021年4月,沈阳海关党委纪检组组长姜继远(左四)参加监察室党支部党日活动

2021年6月,沈阳海关 ▶
缉私局局长赵春平(右二)
部署缉私工作

◀ 2021年6月,沈阳海关副关长苏英华(右五)为企业颁发原产地证书

2021年8月,沈阳海关副关长吴刚(左二)参加辽宁省人民政府新闻发布会

◀2021年6月,沈阳海关政治部主任韩勇(中)参观中共满洲省委旧址

2021年12月,沈阳海关副关长齐溟(中)宣讲党的十九届六中全会精神

地方党政

▲ 2021年8月，辽宁省副省长陈绿平（中）在沈阳海关调研

▲ 2021年5月，沈阳市委副书记、市长王新伟（前排中）在沈阳海关调研

党的建设

◀ 2021年3月，沈阳海关离退休干部参加纪念中国共产党成立100周年活动

2021年4月，沈阳海关商品检验处党支部进行委员补选 ▶

◀ 2021年7月，沈阳海关督察内审处党支部组织开展集中学习

2021年7月，沈阳海关举办庆祝中国共产党成立100周年系列主题活动 ▶

业务管理

2021年8月,沈阳海关隶属锦州海关关员监管首航集装箱货物

2021年9月,沈阳海关隶属葫芦岛海关关员验放出口花卉

2021年10月，沈阳海关保障东北地区首批保税艺术品进口工作 ▶

◀ 2021年11月，沈阳海关关员在南方航空北方公司现场调研

2021年12月，沈阳海关关员在企业调研 ▶

疫情防控

◀2021年7月,沈阳海关开展个人防护"滚动式"培训

2021年8月,沈阳海关开展▶
防疫物资监督检查

◀ 2021年11月，沈阳海关隶属沈阳桃仙机场海关关员对入境货包机登临查验

2021年12月，沈阳海关隶属葫芦岛海关关员监管徐大堡核电设备进口 ▶

第一篇

特載

在 2021 年沈阳海关工作会议上的讲话

沈阳海关关长、党委书记　郝炜明
（2021 年 2 月 4 日）

同志们：

这次会议的主要任务是：以习近平新时代中国特色社会主义思想为指导，深入贯彻党的十九大和十九届二中、三中、四中、五中全会精神，认真落实全国海关工作会议、全面从严治党工作会议部署，总结工作、分析形势、明确要求，研究部署 2021 年关区工作。

一、2020 年和"十三五"时期工作回顾

2020 年是沈阳海关发展历程中极不平凡的一年。在总署党委的坚强领导下，沈阳海关坚决贯彻习近平总书记重要指示批示精神，认真落实党中央、国务院重大决策部署，全面深化政治建关、改革强关、依法把关、科技兴关、从严治关，统筹推进口岸疫情防控和促进外贸稳增长，强化监管优化服务，关区工作取得新成绩，迈上新台阶。

（一）坚定做到"两个维护"。

深入学习贯彻习近平新时代中国特色社会主义思想。认真学习《习近平谈治国理政》第三卷与党的十九届四中、五中全会精神，党委班子成员以身作则、以上率下，全年开展党委理论学习中心组学习 9 次，理论宣讲 20 人次；通过"三会一课"、专家授课、青年理论宣讲等形式掀起学习热潮，推动党员干部真信笃行、知行合一。落实习近平总书记重要指示批示精神坚决有效。坚持"第一议题"制度，建立完善学习、部署、督办、落实习近平总书记重要指示批示精神的管理闭环链条。坚决禁止"洋垃圾"入境，查获禁止进口固体废物 243 件，扎实开展进口固体废物专项稽核查。严厉打击象牙等濒危动植物及其制品走私，查获象牙制品 88 件。深入开展安全生产专项整治，建立健全长效机制，排查整治涉危监管作业场所（场地），坚决遏制重特大事故发生。决战决

胜脱贫攻坚，实现我关3个定点扶贫村478人全部脱贫。高质量推进政治机关建设。严格落实党内各项法规制度，强化垂直管理意识，坚决做到重大问题、重要事项、重要工作进展及时向总署党委请示报告。扎实开展中央巡视整改"回头看"，与"不忘初心、牢记使命"主题教育整改、"灯下黑"问题专项整治一体推进。聚焦"四个落实""整治形式主义、官僚主义""危化品进出口监管"，开展3轮政治巡察。

（二）慎终如始打赢口岸疫情防控阻击战。

面对突如其来的严重疫情，面对前所未有的风险挑战，在总署党委的坚强领导下，党委班子靠前指挥，全关干部职工不畏艰险、勇于奉献，202名关员请战一线，以实际行动践行伟大抗疫精神，用绝对忠诚和专业执法筑牢国门防线，为疫情防控取得阶段性胜利做出应有贡献。2个集体、9名同志获评全国海关抗"疫"先进荣誉称号。加强口岸卫生检疫。迅速启动应急机制，组建3支疫情防控梯队。分类施策、精准布控，统筹兼顾"一空两港"，高质量完成北京分流航班检疫监管任务。应用疫情防控作业信息化管理系统，实现口岸作业环节全流程无纸化，人均检疫时间缩短一半。精准规范开展采样作业，迅速大幅提升检测能力。坚持"人""物"同防。强化进口冷链食品风险监测，规范实施抽样核酸检测，严格监督预防性消毒，督促指导经营企业加强管理。积极参与联防联控。与地方形成全链条防控闭环，实现采样结果互认，共同实施"滚动采样"。将防疫物资纳入地方统筹保障，协调地方派出医护人员2,700余人次支援一线。主动协调省慈善总会等各方力量，开辟绿色通道，确保进口防疫物资通关"零延时""零等待"。加强出口防疫物资质量安全监管，检出不合格出口防疫物资18批282万件。妥善处置有关防疫物资负面舆情。邹志武副署长带队到我关实地督导检查时，对相关工作给予充分肯定。落实落细激励关爱措施。注重一线考察识别干部，提拔任用3人，晋升职级1人，对在疫情防控中表现突出的1个集体和17名个人予以及时奖励。紧盯疫情发展态势，从严加强内部防控，以顶格标准做好一线人员个人防护，确保"打胜仗、零感染"。

（三）全力以赴筑牢国门安全屏障。

实际监管更加严密高效。推广应用新一代查验管理系统，通过实地督导和视频巡查相结合，加大对中欧班列、货运包机等渠道实际物流监控力度，监控指挥中心在全国海关考核中名列前茅。有效发挥政治保卫作用，查获违禁宣传品1,341件。扎实开展知识产权保护"龙腾行动"，查获侵权物品3,120件。风险防控更加精准有效，3个"云擎"应用被总署采用并推广，牵头建立辽宁省口岸安全风险联合防控工作机制。"多查合一"有序推进，稽查作业有效率55.26%。搭建可视化业务运行监控分析处置平台，加强对业务运行的自动化监控比对和集约智能化管理。业务改革举措落地见效。统筹推进"五个两"改革，"两步申报"应用率列全国直属海关第8位，"两段准入"信息化监管获批总署试点，"两轮驱动""两区优化""两类通关"改革稳步推进。突出功能定位，推进协同监管，隶属海关功能化建设进一步优化。税收征管质量稳步提升。调整后全年税收任务顺利完成，汇总征税纳税额连续三年保持在百亿以上，自报自缴比例大幅增长，新一代税费电子支付实现全覆盖。税政调研取得突破，降低乳铁蛋白税率建议被国务院关税税则委员会采纳。检验检疫防线愈加牢固。筑牢口岸卫生"三道防线"，严防埃博拉、拉沙热、黄热病等重大传染病疫情叠加，累计检出各类传染病病例104例。把好国门生物安全关，严防非洲猪瘟、高致病性禽流感、沙漠蝗等重大疫病疫情，检出有害生物29种220种次，首次检出番茄皱果病毒。落实食品安全"四个最严"要求，"国门守护"行动检出进口不合格水产品。加强进出口商品检验监管，检出不合格进出口危险化学品1,190吨。"口岸天平"行动检出大宗商品短重货物1.15万吨。统计分析作用有效发挥。加强对辽沈地区外贸形势监测预警，参与编写的2篇研究报告为上级决策提供有效参考。采取断然措施加强业务数据安全管控。打击走私更加有力。坚决落实党中央关于海关缉私部门管理体制调整要求，强化党委对关区打私工作的统一领导。健全风险部门同缉私部门联系配合工作机制，优化全员打私综合考核评价办法。"国门利剑""蓝天"等行动取得积极成效，协查挂牌督办案件7起，联合破获案值超14亿元的转关走私韩国日用品进境大案；查证走私冻品7,000余吨；破获关区首起跨境电商走私犯罪案件。

（四）综合施策服务高水平对外开放。

持续优化口岸营商环境。深入推进"放管服"改革，国际贸易"单一窗口"应用率继续保持100%。进口、出口整体通关时间较2017年分别压缩81%和94%。继续推行"先放后检"，大宗资源性商品通关效率有效提升。保障国际物流畅通。力促中欧班列（沈阳）运行提质增效，全年监管中欧班列数同比增长61.5%。推动"沈阳—莫斯科别雷拉斯特"线路顺利开行，打通经绥芬河出境新通道，启动"区港直通"改革试点，助推沈阳中欧班列集结中心建设，有关专题报告得到辽宁省委书记张国清和沈阳市委书记张雷的批示肯定。支持沈阳空港成功获批进口药品指定口岸，保障开通至旧金山、伦敦两条货运包机航线。支持开通"锦州—海南（洋浦）内外贸同船"业务，开辟海运向南新通道。因地制宜助力开放平台发展。我关2项创新措施列入国务院自由贸易试验区第六批改革试点经验，在全国复制推广。中国（辽宁）自由贸易试验区（沈阳片区）实现保税备货、直购进口跨境电商双模式运行。一般纳税人资格试点在沈阳综合保税区成功落地。指导完成锦州港保税物流中心（B型）验收前准备工作。多措并举帮扶企业。组建业务"专家组"开展在线问诊，推行"无接触""不见面"办理海关业务，为企业复工复产必需的机器设备、原材料开通绿色通道。批准华晨宝马汽车有限公司缓期缴纳12.33亿元税款，减免税款滞纳金4,288万元。

（五）全面从严锻造准军事化纪律部队。

有效提升党建工作质量。创新党建思路，开展基层党建专题调研，强化"前期宣讲、中期推动、后期总结"过程管理，不断巩固拓展"强基提质工程"成果，以双向激励为原则丰富考核手段，以"抓两头、带中间"实现支部从规范到"四强"梯次推进。全年共评选出36个"四强"党支部，5个基层党组织获评全国海关基层党建示范品牌和培育品牌，1个党支部获评辽宁省党支部标准化规范化建设示范点。稳步推进干部队伍建设。树立正确选人用人导向，组织开展6批次16人职级晋升，选优配强执法一线科长队伍，推进事业单位改革，开展职称评审。强化教育培训，全员学时学分双达标。精神文明建设成果丰硕。7家单位获评和保留全国文明单位称号，11家单位获评省级文明单位。成功举办"追寻红色记忆，传承红色基因"东北文化协作区活动。驰而不息推进党风廉政建设和反腐败斗争。有效落实全面从严治党主体责任和党风廉政建设各项任务，系统梳理党的十八大以来中央文件精神，结合总署党委相关要求，细化分解15个方面50项具体措施，一体推进不敢腐、不能腐、不想腐。健全"八小时外"管理机制，建立党风廉政建设周提醒制度。突出政治监督，开展落实全面从严治党主体责任、疫情防控、脱贫攻坚等专项监督17项。发挥党委派驻纪检组"派"的权威和"驻"的优势，共发现驻在单位问题风险137个。围绕总署通报案例和身边违纪违法案件开展"以案为鉴、以案促改"警示教育活动。运用"四种形态"抓早抓小，全年运用"第一种形态"处理22人次。持续强化震慑，给予2名参与经商办企业的党员干部党内警告处分，给予2名参与走私犯罪的关员开除党籍、开除公职处分。

（六）提质增效加强综合保障。

法治建设不断完善。广泛学习宣传《中华人民共和国民法典》，积极推进行政执法"三项制度"建设，妥善应对行政诉讼及民事案件。内控督审作用不断强化。内控节点岗位清单制管理与内控评价同步推进，全力推动总署经济责任审计问题整改。政务运行高效顺畅。办文、办会效率进一步提高，督办落实有力有效。科技支撑作用有效发挥。高质量完成署级项目运维任务，在"护网"行动中取得佳绩。实验室能力持续提升，技术中心新开验项目256项，保健中心取得核酸检测资质备案。

2项科研项目获得辽宁省科技进步奖。财务后勤保障更加有力。积极争取总署及地方疫情防控专项经费4,387万元，建成全国海关应急物资装备一级储备库，为抗击疫情提供有力支持。狠抓预算执行，预算执行率达到97.9%，为历史最好水平。后勤服务质量持续提升，疫情期间服务保障精细到位。工青妇、离退休干部工作进一步加强。学会理论研究工作扎实开展。

回顾过去一年取得的成绩，有以下几点经验和体会：一是坚持政治统领，不断强化垂直管理意识和"一盘棋"意识，在总署党委的坚强领导下不折不扣履行职责，积极主动发挥作用；二是坚持问题导向，直面矛盾不回避，解决问题不敷衍，在补齐短板上出实招，在改革创新上求实效；三是坚持主责意识，抓好发展和安全两件大事，牢记监管是海关最基本、最重要的职责，辩证、准确地把握强化监管和优化服务的关系；四是坚持党建引领，坚定初心使命，充分发挥基层党组织战斗堡垒作用和党员先锋模范带头作用，在疫情防控等重大任务面前，党旗始终在一线高高飘扬。

2020年是"十三五"规划收官之年。五年来，我们始终坚持以习近平新时代中国特色社会主义思想为指导，不忘初心、牢记使命，深入践行以人民为中心的发展思想，把海关工作放在党和国家发展全局中谋划思考，马上就办、真抓实干，各项工作取得长足进展。始终坚持政治建关，不折不扣贯彻落实习近平总书记重要指示批示精神，不断增强"两个维护"的思想自觉和行动自觉。大力推动改革强关，圆满完成机构改革任务，海关职责进一步拓展，队伍更加壮大，关检全面深度融合；实施全国通关一体化，优化口岸营商环境，落实"改革2020"任务，海关监管更加集约高效，主要业务指标连年增长。切实增强依法把关，强化监管优化服务，法治观念更加深入人心，全面筑牢国门安全防线，打击走私综合治理能力不断提升。服务"一带一路"建设，探索中国（辽宁）自由贸易试验区（沈阳片区）制度创新，支持海关特殊监管区域发展，助力打造辽宁对外开放新平台。着力深化科技兴关，实验室基础建设不断完善，科技支撑作用在党建、政务、业务等各领域工作中持续发力。纵深推进从严治关，完成直属海关和隶属海关党委设置，实施"强基提质工程"，基层党建质量全面提升；持之以恒正风肃纪，准军事化纪律部队特点更加鲜明，队伍精神面貌更加振奋，实现省级以上文明单位称号全覆盖。

成绩的取得来之不易，得益于总署党委的坚强领导，更得益于广大干部职工的拼搏奉献和辛勤付出。在此，我代表沈阳海关党委，向全体干部职工、离退休老同志及家属表示衷心的感谢！对奋战在口岸疫情防控一线的同志们表示亲切的慰问并致以崇高的敬意！

在肯定成绩的同时，更要正视当前存

在的问题和不足：党建工作对照高质量发展要求仍有较大差距，基层党组织建设发展还不平衡，党建和业务"两张皮"问题尚未破解；业务基础比较薄弱，制度建设不够完善，专业知识和业务能力与新形势、新任务的要求还有较大差距；党风廉政建设形势依然严峻，一些领导干部对"四风"苗头性、倾向性问题敏感性不足，缺乏防范风险的有效措施，在责任传导、督促落实上还需进一步强化。这些问题需要在今后的工作中，有针对性地加以解决。

二、准确把握新形势下的新任务、新要求

2021年是中国共产党成立100周年，是"十四五"开局之年，也是"两个一百年"奋斗目标的交汇之年。十九届五中全会对进入新发展阶段、贯彻新发展理念和构建新发展格局做出了战略部署。进入新发展阶段明确了我国发展的历史方位，贯彻新发展理念明确了我国现代化建设的指导原则，构建新发展格局明确了我国经济现代化的路径选择。

海关处在对外开放安全防控"第一线"和国内国际双循环的"交汇枢纽"，承担着为国把关的重要使命，面临的形势和任务严峻复杂、充满挑战，但危中有机，机遇大于挑战。今年的全国海关工作会议明确了"十四五"时期海关发展的目标任务，对2021年工作做出了全面系统的部署。倪岳峰署长的报告站位高、思路清、措施实，为我们的工作指明了方向，提供了遵循。其中许多新提法、新要求，需要我们认真研读、系统梳理。我们要完整、准确地把握总署会议精神和工作部署，坚持系统观念，推动新时期工作实现全面协调高质量发展，确保"十四五"时期沈阳海关发展开好局、起好步。

重点要把握以下几方面要求：

（一）**坚持旗帜鲜明讲政治，以绝对忠诚把握新航向。**

海关是政治机关，要从讲政治的高度思考和推动海关工作，不断提高政治判断力、政治领悟力、政治执行力。过去的一年，以习近平同志为核心的党中央在领导全党全军全国各族人民战胜史所罕见的风险挑战、奋力推进新时代中国特色社会主义事业中发挥了决定性作用，在这极不寻常的年份创造了极不寻常的辉煌。全国海关在总署党委的坚强领导和统一指挥下，为打赢疫情防控阻击战和稳住外贸外资基本盘做出了突出贡献。实践再次证明，党中央权威和集中统一领导是战胜一切风险挑战的根本保证，全国海关"一盘棋"是有效贯彻落实习近平总书记重要指示批示精神和党中央重大决策部署的成功经验。

要增强政治判断力，政治机关没有单纯的业务工作，要将讲政治要求贯彻到关区工作的全领域各方面，科学运用马克思主义立场观点方法看待问题、评估情况、预测趋势，坚决保持政治定力，做政治上

的明白人。要提高政治领悟力，持续深入学习习近平新时代中国特色社会主义思想，认真领会习近平总书记重要指示批示精神。准确把握中央重大决策部署战略意图，常怀"国之大者"，找准海关工作在国家大局中的方位。要提高政治执行力，持续强化垂直管理意识。闻令而动、令行禁止是准军事化纪律部队最鲜明的特征，对于总署的部署要求，一定要马上就办、真抓实干。各部门、各单位要坚持系统观念，处理好全局和一域的关系，遇到重大工作情况，一定要及时请示汇报，为关党委决策提供及时有效的参考；在重点工作落实过程中，一定要强化执行、及时反馈，确保各项决策部署一贯到底，落地见效。

（二）坚持运用底线思维防范化解风险，以忧患意识应对新挑战。

党的十八大以来，习近平总书记多次强调坚持底线思维、增强忧患意识，有效防范和化解前进道路上的各种风险。十九届五中全会再次强调，树立底线思维，把困难估计得更充分一些，把风险思考得更深入一些。这对我们在新发展阶段有效防范化解各类风险挑战、确保社会主义现代化事业顺利推进具有重要意义。当前和今后一个时期是我国各类矛盾和风险易发期，传统安全与非传统安全风险复杂交织。新冠肺炎疫情仍在全球持续蔓延，虽然随着疫苗的接种，防控形势出现转好预期，但是国际人员交往和物流运输的恢复势必会给口岸疫情防控工作造成更大压力；今年适逢大庆之年、敏感之年，口岸反恐维稳的压力空前巨大；在全国外贸形势转好背景之下，去年辽宁外贸进出口总值同比下降9.9%，"六稳""六保"工作任务仍然艰巨；我们身边发生的2名原海关科级领导干部参与走私犯罪案件教训惨痛，再次为我们敲响了警钟。牢牢守住安全发展这条底线，是构建新发展格局的重要前提和保障，只有始终坚持底线思维，凡事从最坏处着想、从最难处准备，做到有备无患、遇事不慌，才能牢牢把握主动权。

要增强防风险的责任感和自觉性，把自己职责范围内的风险防控好，不能把防风险的责任都推给上面，也不能把防风险的责任都留给后面，更不能在工作中不负责任地制造风险。要加强对各类风险的前瞻预判，有效发挥现有各类管理系统、工作机制的风险监控作用，特别要增强对业务异动的高度敏感性，及时开展分析研判，做到见微知著、防患未然。有了防范风险的先手，还要有应对和化解风险挑战的高招。要在思想理念、制度机制、方法手段上创新突破，遇到重大风险挑战、重大工作困难、重大矛盾斗争，要第一时间进行研究、拿出预案，制定措施、推动解决。健全完善重大风险研判工作机制，各部门、各单位要各司其职、各负其责，形成关区防范化解风险整体合力。

（三）坚持夯实基础和改革创新并重，以更高标准展现新作为。

要在"十四五"时期实现沈阳海关高质量发展，关键是要练好内功。立足我们的关情，夯实基础和改革创新就是做好关区工作的两项重要内功，二者相辅相成、不可偏废。我们强调的基础是高质量发展的基础，不是满足于及格线的基础，忽视基础，各项事业就会失去可持续发展的根基；改革创新不是目的，是高质量发展的方法和手段，忽视改革，各项事业就无法与时俱进，难以跟上先进海关加快发展的步伐。我们既要对标先进，又要聚焦问题，以改革创新夯实沈阳海关高质量发展的基础。

要紧跟形势敢想敢试、敢为人先。着力改进不合时宜的工作方式，转变陈旧僵化的思维模式，破除狭隘局限的路径依赖，摒弃故步自封的"小关意识"。要把总署的改革措施和我关的工作实际有机结合，保障改革措施的创造性落地；同时也要发挥基层首创精神，提供更多可复制可推广的经验做法。要坚持目标引领和问题导向，以一流标准补齐短板、加固底板，切实提升我们的工作水平。强化制度建设，空白缺位的要抓紧建立，不全面的要尽快完善，及时把好经验好做法用制度的形式固化下来；加强能力建设，灵活组织专项培训、技能训练，提高解决实际问题的专业能力、专业素养。要牢固树立比学赶超的竞争意识，在"比"中找差距，在"学"中补短板，在"赶"中提质量，在"超"中谋发展。当前关区工作并不缺少亮点，有的工作更是走在了全国前列。领导干部要带头转变观念，勇于创先争优，引导广大干部职工发挥主观能动性，立足岗位争创一流。

面对新形势、新任务、新要求，经关党委研究决定，今年关区工作的总体思路是：以习近平新时代中国特色社会主义思想为指导，深入贯彻党的十九大和十九届二中、三中、四中、五中全会精神，增强"四个意识"、坚定"四个自信"、做到"两个维护"，立足新发展阶段、贯彻新发展理念、构建新发展格局，坚持系统观念，更好统筹发展和安全，全面落实全国海关工作会议、全面从严治党工作会议部署，强化监管优化服务，巩固拓展口岸疫情防控和促进外贸稳增长成效，抓党建、防风险、强基础、促改革，以更高标准推进"五关"建设，以优异成绩庆祝建党100周年。

三、高质量做好 2021 年各项工作

（一）旗帜鲜明加强政治建设。

持续深入学习习近平新时代中国特色社会主义思想，推动学深悟透、融会贯通。开展党的十九届五中全会精神专题培训，推进青年理论学习提升工程。进一步完善贯彻落实习近平总书记重要指示批示精神工作机制，深化"第一议题"制度，坚定走好"两个维护"第一方阵。严格禁

限管控，坚决禁止"洋垃圾"入境。严厉打击象牙等濒危动植物及其制品走私。强化政治机关意识教育，深入落实意识形态工作责任制。广泛开展庆祝中国共产党成立100周年活动，巩固深化"不忘初心、牢记使命"主题教育成果，按照"四个融入"要求，常态长效推进中央巡视整改。总结定点扶贫工作经验，接续推进全面脱贫与乡村振兴有效衔接。

（二）毫不放松抓好常态化口岸疫情防控。

筑牢国门卫生检疫防线。持续强化常态化口岸疫情防控机制，加强疫情研判预警，密切口岸协同配合，发挥联防联控作用。推动"一空两港"口岸卫生检疫基础设施优化升级，提升检疫监管工作效能。强化培训和专业人员配备，做好疫情防控人力资源保障。严防埃博拉、拉沙热、鼠疫等重大传染病传入，造成疫情叠加。

严格做好高风险货物风险监测和预防性消毒。扎实推进口岸环节进口冷链食品、高风险非冷链集装箱货物的风险监测、采样检测和预防性消毒工作，督促落实主体责任。推广疫情防控作业信息化系统在冷链食品监管中应用。加强对进境邮件、快件、跨境电商等货物物品风险研判。

夯实内部防线。严格落实总署和地方联防联控机制相关措施，精细化、常态化做好内部疫情防控。强化一线人员个人防护、定期核酸检测，做好重点区域清洁消毒和健康突发事件管理。落实"四方责任"，维护机关正常工作秩序，增强内部防控工作合力，确保"打胜仗、零感染"。

（三）强化监管守好国门安全。

加强口岸监管。严密实货监管，严防监管漏洞，严格执行表单化查验指令，提高查验作业规范化水平。深化旅检"无感通关"模式应用。继续推进邮递物品监管改革，做好沈阳邮局邮件监管集中作业新场地验收工作。全力确保政治安全和社会稳定，持续保持对非法出版物、枪支、毒品等违禁物品和其他敏感商品查缉力度，开展涉恐突发事件应急处置演练。严抓安全生产，继续推进三年专项整治工作，持续巩固监管作业场所（场地）安全隐患排查工作成果。更好发挥监控指挥中心作用，做好业务监控和运行保障值班工作，不断完善"监控"与"指挥"功能。加强知识产权海关保护，推进"两法衔接"和跨部门合作，积极落实RCEP涉及知识产权海关保护有关条款。

强化风险防控。加强宏观风险态势分析，强化海关信息情报工作，充分发挥大数据应用的实战作用，进一步提升口岸风险分析布控的针对性和有效性。加强风险联合研判，推进各业务领域一体化防控，巩固拓展辽宁省口岸安全风险联合防控工作机制。丰富风险防控手段方式，有效提升精准打击能力。

深化综合治税。加强税收监控分析，强化归类审价，做好属地纳税人管理，优化非贸税收征管，全力以赴完成全年税收工作任务。推动关税保证保险、汇总征税、自报自缴等便利措施落实落细。建立关区税政调研专家组，进一步提升调研质量。落实各项税收减免政策和关税调整减税方案，开展RCEP原产地规则专题研究，引导企业用足用好税收优惠政策。

严把进出境检验检疫关。持续推进口岸公共卫生核心能力建设。提升国际旅行健康服务水平，加强出入境人员传染病监测体检及预防接种。强化特殊物品监管。做好国门生物安全监测，加强非洲猪瘟、沙漠蝗等疫情疫病防控，提高有害生物检出率，严防外来物种入侵。落实"四个最严"要求，开展进口食品化妆品风险监测，深入推进"国门守护"行动。加强供港澳食品安全监管。持续完善进出口商品质量安全风险预警和快速反应监管体系，提高不合格检出率。加强进出口危险化学品等重点敏感商品检验监管。积极落实商品检验模式改革。

提升后续监管效能。以企业信用为基础实施差别化稽核查，加强成果运用。创新方式和手段，持续开展进口固体废物专项稽查。拓宽工作领域，挖掘新的稽查补税增长点，开展涉检领域专项稽核查，加大对加工贸易企业的稽核查力度。在部分隶属海关实施稽核查"网上电子审核"改革。扩大主动披露适用范围。有序推进属地查检工作。

始终保持打击走私高压态势。全面落实总署加强打击走私工作"1+6"项制度及我关具体落实措施，加强组织领导，做好综合考评，压紧压实职能部门和隶属海关职责任务。深化全员打私，提升整体作战效能。强化情报工作，准确掌握走私动态。认真组织开展"国门利剑2021"专项行动，严厉打击象牙等濒危动植物及其制品、"洋垃圾"、涉枪涉毒、重点涉税商品、农产品、冻品等走私。持续推进智慧缉私建设，全力做好缉私保障。推进反走私综合治理，优化打防管控格局。

提高统计分析水平。严格数据安全管控，筑牢海关业务数据安全防线。加强统计数据质量控制，探索新的数据审核模式。密切关注重点敏感企业，开展虚假贸易管控。全面落实"快、广、深"要求，深入开展业务、贸易、宏观数据融合分析，围绕经贸摩擦和新冠肺炎疫情等重点内容开展专题研究，积极为"十四五"海关发展规划编制建言献策。

（四）服务外贸发展提质增效。

持续优化营商环境。落实"放管服"改革要求，推进"多证合一""注销便利化"以及优化加工贸易集中作业改革，拓展"双随机、一公开"监管。建立以信用为基础的海关监管机制，制定关区认证企业管理措施目录，创新开展企业信用培育，推动AEO便利措施落实落地。以新一轮跨境贸易便利化专项行动为契机，持续巩固压缩关区整体通关时间成效，深化"单一窗口"建设。落实好精简进出口环节监管证件和随附单证有关要求。持续加强检验检疫进出口环节收费管理。

促进外贸稳定增长。建立健全地方重点项目跟进支持机制，做好跟踪评估，确保取得实效。完善企业协调员工作制度，利用"中国海关信用管理"微信平台，组建业务专家团队，发挥帮扶机制作用，为外贸企业纾困解难。推进"修理物品综保区流转"监管模式。支持关区跨境电商、市场采购、服务外包、二手车出口、保税维修等新业态新业务健康、有序发展。开通检疫审批"绿色通道"。助力关区优势特色食品农产品开拓国际市场。支持国内市场需要的战略性农产品进口，服务保供稳价。加大技贸措施服务力度，帮助企业积极应对国际市场变化，促进出口转型升级。

推动辽宁高水平对外开放。充分发挥中欧班列战略通道作用，支持沈阳市申请创建中欧班列集结中心，配合推进莫斯科别雷拉斯特物流项目建设。发挥沈阳空港肉类、药品等指定进口口岸功能优势，持续跟进锦州港陆海新通道建设，提升口岸综合运行效能。积极推动自由贸易试验区海关监管制度创新，加强对效果明显、适用性强的措施的复制推广力度。制订《沈阳海关优化综合保税区海关监管工作方案》。推动沈阳综合保税区、中国（辽宁）自由贸易试验区（沈阳片区）"两区"优势叠加，推进锦州、铁岭两地保税物流中心（B型）高质量发展。

（五）务求实效深化改革创新。

巩固深化改革成果。继续加大"两步申报"推广应用力度；推进"两轮驱动"改革，优化监管资源配置，提高风险防控效能；探索跨关区"两段准入"改革创新；按照"两类通关"要求，优化整合"邮、快、跨"通关监管业务流程；深入实施"两区优化"改革。巩固"中心—现场"运行模式，深化隶属海关功能化建设改革。建立健全改革统筹协调机制，坚持"问题归零"，推动关区业务平衡发展。完善关区业务运行监控平台建设，发挥风险联合研判预警作用，提升内控节点与业务指标联动效能，提高防范化解风险的主动性、有效性。

提升科技支撑能力。推广应用H2018新一代通关管理系统。优化智能审图。加强计算机病毒和系统漏洞监控，确保信息网络安全。持续优化实验室布局，科学配置关区检测资源，全面提升实验室能力。加强科研立项和成果推荐，深化科研交流合作，强化科技人才梯队建设。

全面加强法治工作。加强对改革决策的法律论证，为改革发展提供法治保障。做好对规范性文件、业务制度的合法性审查，系统推进制度"立改废释"。编制关区权责清单。进一步规范海关执法，提升复议应诉工作水平。加大普法宣传力度，成立普法讲师团，落实"谁执法谁普法"责任制，提升全员法治素养。

（六）增强综合保障能力。

提高政务服务水平。完善沈阳海关工

作规则。持续落实为基层减负工作要求。充分发挥督查"风向标""指挥棒"作用，精准有效开展督查工作。加强信息宣传，进一步提高综合类信息特别是分析研究类信息报送质量。强化应急值班管理。巩固提升机要保密、档案管理、政务公开及信访工作质效。提高12360统一服务热线工作效率和服务质量。

加强财务管理和后勤保障。进一步落实好"过紧日子"要求，积极争取总署及地方财力支持，提高资金使用效益，提升预算执行效能。强化疫情防控经费和应急物资保障。做好固定资产整合优化。加大对政府采购、基本建设的监督管理。加强涉案财物管理处置。推进"光盘行动"常态化，杜绝餐饮浪费。提升后勤服务质量。积极研究解决子女入学、入托、就医等关系干部职工切身利益的民生问题。进一步加强离退休干部工作。

完善督审内控机制。聚焦中央重大决策部署，提升督察工作效能，推进审计监督全覆盖。实行分类动态管理，跟踪推动问题整改。加强科技控权，深化内控节点岗位清单制管理，坚持以评促建，稳步推进内控长效机制建设。围绕重点工作开展执法评估。

（七）持续推进全面从严治党。

推进党建工作高质量发展。巩固深化"强基提质工程"，树立党建和业务工作融合发展的鲜明导向，围绕中心、建设队伍、服务群众，有效发挥党建引领作用。运用调查研究、实地检查、谈心谈话等手段持续跟踪问效。完善党建考核评价办法，着力破解"两张皮"问题，推动党建工作走深走实。针对机关、基层不同特点，支部书记、支委班子、普通党员不同职责，加强分类指导，压紧压实责任。组织开展基层党建实训，抓好"四强"党支部建设，持续深化党建品牌创建。巩固"灯下黑"问题专项整治成果，切实解决突出问题。

强化准军事化纪律部队建设。进一步增强思想政治工作的针对性和有效性，加强干部队伍思想动态分析。强化日常作风养成，深入开展"内务规范强化月"活动，灵活组织队列训练。加强视频巡查，加大问题提醒机制应用力度。强化干部职工"八小时外"管理，坚决杜绝酒驾醉驾。大力加强海关文化建设，高标准推动文明单位、青年文明号创建工作，发挥群团组织作用，全面提升队伍整体凝聚力、战斗力、执行力，形成与准军事化管理相匹配、具有鲜明行业特色的海关文化。

抓好干部队伍建设。完善干部工作"五大体系"，科学有序开展选拔任用、职级晋升和专业技术类公务员分类管理改革。加大力度培养优秀年轻干部，加强执法一线科长队伍建设。持续深化事业单位改革。强化选人用人监督检查，推进各类问题专项整治，营造风清气正的政治生态。完善隶属海关党委干部队伍管理相关配套制度。落实海关干部教育培训"十四五"规划要求,做好分级分类培训工作。积极推进岗位练兵。完善奖励规定、标准,充分发挥奖励正向激励作用。

深入推进党风廉政建设和反腐败工作。充分发挥全面从严治党引领保障作用,把严的主基调长期坚持下去。继续以我关15个方面50项具体措施为抓手,有效落实全面从严治党主体责任和党风廉政建设各项任务。锲而不舍落实中央八项规定及其实施细则精神,坚决纠治"四风"。加强行风建设,继续引入"第三方测评",积极推进海关政务服务"好差评"系统应用。强化对落实习近平总书记重要指示批示精神和党中央决策部署情况的政治监督。深入推进巡察监督,统筹常规巡察、专项巡察和巡察"回头看",加强巡察成果转化。做实日常监督,突出问题导向,紧盯关键少数、重点领域和薄弱环节,推动解决全面从严治党"最后一公里"问题。标本兼治正风肃纪,坚持打私反腐"一案双查",深化运用监督执纪"四种形态",持续整治群众身边腐败和作风问题。精准规范问责,准确把握"三个区分开来"。强化警示教育,深化以案促改。一体推进不敢腐、不能腐、不想腐,积极打造清廉海关。

同志们,站在新的历史起点上,让我们永葆初心、牢记使命,在总署党委的坚强领导下,齐心协力、锐意进取,奋力开创沈阳海关建设发展新局面,以优异的工作成绩庆祝建党100周年!

在2021年沈阳海关全面从严治党工作会议上的讲话

沈阳海关党委书记、关长　郝炜明

（2021年2月4日）

这次会议的主要任务是，深入学习贯彻习近平总书记在十九届中央纪委五次全会上重要讲话精神，落实全国海关全面从严治党工作会议部署，回顾2020年沈阳海关全面从严治党、党风廉政建设和反腐败工作，部署2021年主要任务。

一、认真学习领会习近平总书记重要讲话和中央纪委第五次全会精神

1月22日，中国共产党第十九届中央纪律检查委员会第五次全体会议在北京召开，习近平总书记发表重要讲话，充分肯定过去一年全面从严治党取得新的重大成果，深刻阐述全面从严治党新形势新任务，强调全面从严治党首先要从政治上看，不断提高政治判断力、政治领悟力、政治执行力，一刻不停推进党风廉政建设和反腐败斗争，以强有力的政治监督，确保"十四五"时期目标任务落到实处。讲话高屋建瓴、思想深邃、内涵丰富，是推进全面从严治党向纵深发展的重要遵循。1月28日，总署召开全国海关全面从严治党工作会议，倪岳峰署长传达了习近平总书记的讲话精神，回顾了2020年海关全面从严治党工作，对2021年全面从严治党工作任务做出部署。关区各级党组织和广大党员干部要迅速开展学习，结合实际抓好落实。要准确把握讲话的精神实质，自觉把思想和行动统一到党中央决策部署上来，要全面把握过去一年党中央统筹"两个大局"，坚定不移全面从严治党，推进党风廉政建设和反腐败斗争取得的重要成果，充分认识关于"全面从严治党首先要从政治上看"的根本要求，深刻理解党中央在新发展阶段对全面从严治党的方向要求，切实扛起管党治党的主体责任，始终保持"赶考"的清醒，保持对"腐蚀""围猎"的警觉，把严的主基调长期坚持

下去,以系统施治、标本兼治的理念正风肃纪反腐,将海关全面从严治党不断推向深入。

二、2020年工作回顾

2020年,沈阳海关各级党组织坚持以习近平新时代中国特色社会主义思想为指导,切实履行管党治党政治责任,突出问题导向,创新工作思路,全面加强党的政治建设,深入推进清廉海关建设,党风廉政建设和反腐败工作取得新成效。

(一)强化政治机关建设。

坚持以习近平新时代中国特色社会主义思想为指导,深入开展政治机关意识教育,建设模范机关,当好"三个表率"。坚持落实"第一议题"制度,把学习习近平总书记重要指示批示精神作为各级党组织政治学习首要内容。统筹疫情防控和经济社会发展,扎实做好"六稳"工作、全面落实"六保"任务。动员202人支援口岸一线,成立26个党员突击队,对2名抗疫一线先进分子火线发展入党,为打赢疫情防控阻击战提供政治保障。坚决禁止"洋垃圾"入境,开展"蓝天2020"专项行动,严厉打击象牙等濒危动植物及其制品走私。决战决胜脱贫攻坚,实现3个定点扶贫村252家建档立卡户全部脱贫。巩固深化"不忘初心、牢记使命"主题教育成果,严格落实意识形态责任制。严明政治纪律和政治规矩,深入开展机关"灯下黑"问题专项整治,以实际行动坚定走好"两个维护"的第一方阵。

(二)加强纪律作风养成。

开展落实中央八项规定精神和防止"四风"问题专项检查。深入学习贯彻习近平总书记对制止餐饮浪费行为的重要指示精神,推动形成厉行勤俭节约、反对餐饮浪费的良好风尚。制定沈阳海关改进会风文风14条措施,力戒形式主义、官僚主义。开展岗位练兵和"内务规范强化月"活动,打造雷厉风行、令行禁止的准军事化纪律部队。深化关领导视频巡查带班制度和牵头部门轮值制度,建立关员带班督查制度,及时发现并纠正不规范行为。全年开展27次实地检查、28次"隔夜酒驾"排查,对发现问题立即通报、限期整改。建立"廉政纪律周提醒"制度,加强干部职工"八小时外"管理。深化12360海关热线及"民心网"建设,全年解答问题20,030条,接通率98.4%。持续开展第三方测评,召开特约监督员座谈会,广泛听取社会各界的意见建议。落实海关政务服务"好差评"制度,15个部门单位上线使用,全年五星好评率100%。坚持培树先进典型,1名同志获评全国先进工作者,2个集体和9名个人获评全国海关系统抗击新冠肺炎疫情先进集体和先进个人,2个家庭获评辽宁省抗疫"最美家庭"。扎实推进精神文明创建,4个单位获评"第六届全国文明单位",3个单位通过全国文明单位复查,实现关区省级以上文明单位称号全覆盖。

(三)深化风险源头治理。

坚持运用底线思维防范化解风险，对重大风险实施动态管理。围绕16项内控重点内容开展评价，将岗位清单管理与内控评价同步关联、推进，有效解决改革伴生问题，发现问题131个，完善建立内控清单23张，取得内控成效159条。充分运用"制度+科技"手段，落实"两步申报""两类通关"等重大改革环节风险防控措施，推进行政执法公示制度、执法全过程记录制度、重大执法决定法制审核制度，落实"双随机、一公开"监管实施细则，完善新一代查验管理系统、稽核查业务管理系统，持续推动执法行为标准化、进系统、留痕迹、可追溯。搭建可视化业务运行监控分析处置平台，实现对业务运行的自动化监控比对和集约智能化管理。建立"监控视频、监管作业系统、音视频单兵、监管设备联网核查"四位一体监控检查制度，采取现场自查、职能检查双向切入等方式落实防控责任机制。扎实推进业务数据安全专项行动，加强海关业务数据安全管控。对沈阳地区6个隶属海关进行功能化改造，强化集约和归口管理，解决业务发展变化与改革推进中出现的问题。坚持廉政风险季度分析，全面摸底排查258个风险点。从严开展领导干部个人有关事项查核，自查清理事业单位人员在社会团体、企业兼职行为，对领导干部配偶、子女及其配偶从业情况开展抽查比对。

(四)保持反腐高压态势。

严肃查处违纪违法行为，纪检监察部门全年受理处置问题线索12件次，初步核实10件，予以了结6件，给予开除党籍处分2人，党内警告处分2人。通过调查研究、征求意见，围绕制度建设、队伍管理、风险防控和监督制约等重点内容，制订《沈阳海关加强党风廉政建设实施方案》，明确15个方面50项具体措施，推动关区全面从严治党工作抓实落细。制定打私反腐"一案双查"工作办法实施细则，完善制度机制。开展为期两个月的"警示教育月"活动，对乌鲁木齐海关赛铁尔汗严重违纪违法案件等40余起典型案例进行深入剖析。坚持以案促改，围绕身边发生的违纪违法案件开展警示教育，梳理制度及管理漏洞13项，制定18条整改措施。开展渎职犯罪案例解析，举办"清廉海关"主题展览、参观廉政教育基地，持续营造廉洁氛围。开展中央巡视整改"回头看"，建立季度反馈机制。坚持巡察政治定位，修订建立11项巡察工作制度，对14个党组织开展巡察工作，发现4个方面182个问题。强化巡察成果应用，认真抓好巡察整改"后半篇文章"，整改完成率达到92%。

(五)强化管党治党责任。

研究制定两级党委全面从严治党主体责任清单，进一步完善全面从严治党制度体系。建立各级党委主体责任、党委书记第一责任、纪检组监督责任、党委委员"一岗双责"的"四责协同"机制，厘清职责、做好分工。年初制定全面从严治党任务清单，量化7方面65项具体工作，全部按期完成。关党委全年专题研究全面从严治党、党风廉政建设和反腐败工作27次，印发全面从严治党、党风廉政建设和反腐败制度文件10项，会同党委纪检组开展半年会商，专题研究全面从严治党工作，分析研判廉政形势。深入推进"强基提质"工程，开展两批"四强"党支部评选，召开党组织书记抓基层党建述职评议会议，开展述职报告审核印证，10名党组织书记述职接受评议。深入开展全面从严治党调研，着力解决全面从严治党"最后一公里"突出问题。健全完善通报制度，全年共对202件重点工作开展督办，通过层层传导压力，促进全面从严治党主体责任压紧压实。

在总结工作成绩的同时，我们也清楚地认识到当前工作还存在一些问题和不足：一是全面从严治党主体责任尚未压紧压实，部分单位领导班子全面从严治党责任不清、底数不明，有的党员领导干部对分管领域全面从严治党工作落实不到位，不敢较真碰硬，"关键少数"作用发挥不充分；二是基层党组织建设成效不明显、发展不平衡，部分党支部仍存在党建业务"两张皮"问题，对党建与业务深度融合认识不清、办法不多、措施不实；三是顶风作案的问题仍有发生，个别关员参与走私犯罪，个别党员干部自律不严，作风问题是小事小节这种错误思想仍然存在，党风廉政建设和反腐败形势依然复杂严峻。

三、2021年主要任务

2021年，沈阳海关全面从严治党工作的总体要求是：以习近平新时代中国特色社会主义思想为指导，全面贯彻党的十九大和十九届二中、三中、四中、五中全会精神，增强"四个意识"、坚定"四个自信"、做到"两个维护"，坚持稳中求进，立足新发展阶段，贯彻新发展理念，构建新发展格局，保持严的主基调，突出问题导向，秉持求真、务实、有效原则，扎实推进清廉海关建设，推动全面从严治党向纵深发展，一体推进不敢腐、不能腐、不想腐，为建设社会主义现代化海关提供坚强保证。

重点做好以下6个方面工作。

（一）坚持政治统领，提高政治能力。

深化政治机关建设。全面从严治党首先要从政治上看，不断提高领导干部的政治判断力、政治领悟力、政治执行力；立足"两个大局"，心怀"国之大者"，开展模范机关创建，做好"三个表率"。强化理论武装。以庆祝建党100周年为契机，把学习习近平新时代中国特色社会主义思想同学习党史、新中国史、改革开放史、社会主义发展史贯通起来，把学习党的十九届五中全会精神同党的十九大和十九届二中、三中、四中全会精神贯通起来，开展全会精神轮训；深化党委理论学习中心组领学、"三会一课"、干部教育培训、青年理论骨干宣讲等学习制度，用好"学习强国"、海关全员培训系统等线上载体，多渠道开展跟踪问效，提高学习质量；巩固深化"不忘初心、牢记使命"主题教育成果，开展"党旗在基层一线高高飘扬"活动，坚定理想信念。全面落实意识形态责任制。落实沈阳海关各级党委意识形态责任清单，完善责任落实机制、考核机制、问责机制，强化忧患风险意识和主流阵地意识。走好"两个维护"的第一方阵。坚持落实"第一议题"制度，建立完善学习、部署、督办、落实习近平总书记重要指示批示精神的管理闭环链条；坚决禁止"洋垃圾"入境，严厉打击象牙等濒危动植物及其制品走私，巩固脱贫攻坚成果，推动外贸高质量发展；把党的全面领导贯穿到促进国内国际双循环、筑牢国家安全屏障等各项工作部署中去，统筹推进口岸疫情防控和稳外贸稳外资工作；严明政治纪律和政治规矩，不断提高把握新发展阶段、贯彻新发展理念、构建新发展格局的政治能力、战略眼光、专业水平。

（二）保持高压震慑，深化标本兼治。

推进党风廉政建设措施落地见效。持续落实沈阳海关加强党风廉政建设15个方面50项具体措施，立足实际，细化任务、健全机制，用最坚决的态度推动落实落地，确保发挥实效。坚持正风肃纪。坚持无禁区、全覆盖、零容忍，坚持重遏制、强高压、长震慑，对受贿索贿、以权谋私、放纵走私等腐败问题严惩不贷；坚决整治推诿扯皮、吃拿卡要等群众身边腐败和作风问题，对群众反映强烈的公款吃喝、餐饮浪费等歪风陋习反复敲打；深化打私反腐"一案双查"，落实问题线索移交、案件办理反馈等工作机制；坚持惩前毖后、治病救人，精准规范运用"四种形态"特别是第一种形态。深化以案促改。大力开展警示教育，把各种身边典型案例用好用活，更加完整地展示干部思想松动、滑坡、蜕变的过程，使党员干部真正抛弃"看客"心理，深受触动、有所警醒；增强以案促改实效，坚持严惩腐败和严密制度、严格要求、严肃教育紧密结合，开展案件审查同步启动以案促改，分析案发原因，查找深层次问题，做到查处一案、警示一片、治理一域；扎实开展警示教育月活动，加强思想道德和党纪国法学习教育，引导党员干部知敬畏、存戒惧、守底线；严肃查处诬告陷害行为，对失实检举控告及时澄清正名。提高巡察工作质量。深入剖析巡察工作中发现的问题，督促被巡察党组织落实问题清零机制，组织巡察整改验收，持续跟踪督办；落实政治巡察要求，重点围绕落实疫情防控、严禁"洋垃圾"入境、优化口岸营商环境等决策部署开展政治监督；加强巡察成果的应用，将其纳入干部考核体系，确保责任落实到位、整改措施到位、问题解决到位，切实发挥政治巡察利剑作用。

（三）增强内生动力，抓好作风建设。

严守廉政纪律。巩固深化中央八项规定精神专项检查成果，持续纠治违规收送礼品礼金、违规吃喝、公车私用、借操办婚丧喜庆收钱敛财等问题；进一步落实"过紧日子"要求，坚决制止餐饮浪费，积极创建节约型机关。深化整治形式主义官僚主义。坚决纠治"四风"问题，严防隐形变异，对贯彻党中央决策部署做选择、搞变通、打折扣等问题精准施治，严查享乐主义、奢靡之风；巩固机关"灯下黑"问题专项整治和形式主义、官僚主义专项巡察成果，坚决杜绝不用心不务实、拖沓推诿、不担当慢作为等问题；领导干部要自觉反对特权思想和特权行为；保持对精文简会的刚性约束，落实沈阳海关改进会风文风措施，提高会议质量，压减文件数量；开展"指尖上的形式主义"排查，减少基层报文报表，持续为基层松绑减负。加强政风行风建设。深化"放管服"改革，加大力度推进"单一窗口"建设，持续优化市场化法治化国际化营商环境；深化12360海关热线及"民心网"建设，巩固"职能—热线—现场"三方联系配合机制；聘好用好特约监督员队伍，持续开展第三方测评，推进关区"好差评"系统政务服务事项应上尽上，提高评价质量，多渠道听取企业、群众的意见建议；认真开展"我为群众办实事"主题实践活动，把"人民海关为人民"理念落实到具体工作中。

（四）坚持从严管理，锻造准军队伍。

练就过硬本领。深入落实"政治坚定、业务精通、令行禁止、担当奉献"要求，以更高标准推进准军事化纪律部队建设；增强补课充电的紧迫感，巩固深化大学习大培训成果，认真组织基层业务一线开展岗位练兵和技能比武活动，提升业务水平，强化专业技能，确保随时拉得出、顶得上、打得赢。狠抓日常养成。深化内务规范强化月活动，灵活组织准军事化日常训练；坚持视频检查通报问题，加大对关容风纪的督促检查力度和频率，及时发现、纠正不规范行为；持续开展升国旗、宪法宣誓等仪式教育，强化号令意识，做到令行禁止。推进党建高质量发展。深化"强基提质工程"，总结提炼前期党建工作经验做法，继续深入调查研究，坚持一般性号召与具体指导相结合，着力破解党建和业务"两张皮"的问题；针对机关、基层不同特点，加强分类指导；强化双向激励机制，进一步丰富考核手段，有效发挥党建品牌、"四强"党支部的示范作用，提升基层党组织凝聚力战斗力。强化监督管理。以领导干部个人有关事项不如实报告率"清零"为目标，加大申报核实力度，凡是个人事项申报出现问题的干部，除按规定严肃处理外，还要作为评优评先和干部选拔任用等工作的重要参考；继续规范领导干部配偶、子女及其配偶从业行为；以更高标准、更严要求坚决纠治酒驾醉驾问题，坚持"廉政纪律提醒"制度，加强队伍"八小时"内外监督，坚决杜绝酒驾醉驾行为。激励担当作为。充分发挥先进典型的示范引领作用，大力弘扬伟大抗疫精神、劳模精神、工匠精神，组织开展评优评先活动，积极培育新时代海关职业精神；深化精神文明创建工作，全国文明单位要进一步总结经验，不断巩固成果；省级文明单位要提前谋划，扎实开展工作，为下一届评选做好准备。

（五）规范权力运行，盯紧风险源头。

强化法治意识。以《中华人民共和国海关法》修订为契机，推进关区规章制度"立改废释"工作，不断提高权力运行法治化水平；持续推进权责清单编制，使权力归属更加清晰、运行流程更加规范。加强"制度+科技"应用。持续强化内控机制"三道防线"作用，发挥督审监督作用，加大内部审计整改力度，充分运用"新海廉"平台监督功能，推动内控节点应用水平提升；继续完善业务运行监控分析机制，统筹做好分析、通报和评估，强化预警校正和提质增效作用；持续关注隶属海关功能化建设改革落实效果，进一步优化资源配置，理顺协同监管作业关系，适应发展需要；在高质量推进"全国通关一体化"等改革中加强风险整体防控和精准防控，深化"双随机、一公开"，推进信息系统向邮递、旅检等领域拓展，优化跨境电商领域风险信息化防控；落实海关大数据智慧风控要求，建立健全风险情报信息网络，开展跨部门风险联合研判，提高精准识别和处置风险能力；强化网络安全建设，加强关键核心人员监督管理，筑牢海关业务数据安全防线。强化风险排查。坚持廉政风险季度分析报告制度，持续推进重点部门、重点岗位、重点人员动态管理机制；高度重视资金密集、资源富集的非执法领域风险，持续加强对财务管理、招标采购、信息化建设、基建工程等重点环节的管控；整合优化闲置资产，加强实验室建设项目、疫情防控卫生检疫物资购置等监督；稳步推进关区事业单位改革，进一步规范企事业单位管理。

（六）强化政治担当，坚决扛起责任。

强化责任落实。加强对全面从严治党、党风廉政建设和反腐败工作的组织领导。去年，沈阳海关机关和各隶属海关党委都制定了全面从严治党主体责任清单，今年重点是要认真对照清单内容，狠抓责任落实、深入调查研究、强化跟踪问效。坚持层级落实。党委书记要切实履行好第一责任人职责，做到敢抓真管、能抓会管；党委委员要认真履行"一岗双责"，根据分工抓好职责范围内的全面从严治党工作；纪检监察部门要强化监督执纪问责，各派驻纪检组要积极发挥"探头"作用，切实履行监督责任；各职能部门要充分发挥职能作用，主动承担起职责范围内和所管辖业务领域方面全面从严治党相关工作；机关党委要加强对各级党组织履行主体责任情况的督查督促，建立全面从严治党主体责任检查考核制度，制定加强对党委"一把手"和领导班子监督的意见，强化结果运用。严肃追责问责。严格落实《中国共产党问责条例》，聚焦政治责任，盯住"关键少数",精准规范用好问责利器;坚持"三个区分开来",落实容错纠错机制,鼓励党员干部干事创业、敢于担当。

同志们,让我们以习近平新时代中国特色社会主义思想为指导,坚持以人民为中心,认真贯彻落实总署党委的各项部署,闻令而动、狠抓落实,锲而不舍、一以贯之,推动沈阳海关全面从严治党、党风廉政建设和反腐败工作迈上新台阶。

第二篇

专记

庆祝建党100周年和党史学习教育

2021年，沈阳海关深入开展党史学习教育，认真贯彻落实中央要求，统筹谋划组织，各级党组织上下联动、跟进落实，坚持学党史、悟思想、办实事、开新局，推动关区党史学习教育取得扎实成效。

一、精心谋划部署，扎实有力推进

强化组织领导。制订工作方案、细化措施，做出具体安排。先后通过党委会、形势分析及工作督查例会，统筹部署庆祝中国共产党成立100周年活动、"永远跟党走"群众性主题宣传教育活动，细化11个方面41项活动安排，及时召开工作推进会，推动党史学习教育持续升温。全面督促指导。成立党史学习教育巡回指导组，建立组长负责制、联络沟通制、周汇报制以及信息交流等工作机制，通过召开巡回指导工作会议、制发工作要点、开展阶段性检查等方式强化监督指导。推进系统学习。建立健全以党委理论学习中心组为龙头、处级干部为重点、党支部为基础的理论武装学习格局，抓住"关键少数"，引领"绝大多数"。开展党委理论学习中心组集中学习研讨13次，党委书记带头讲党课4次，带动班子成员、各级党组织书记讲党史专题党课153次。举办专题读书班2期、专题学习班1期，组织处级以上党员领导干部开展集中学习研讨3场次，撰写学习体会81篇。各基层党组织依托"三会一课"、主题党日、微课堂、联学联建等形式，将学习与研讨相结合，确保扎实深入。

二、丰富形式载体，统筹开展活动

开展"学史·铸魂"红色讲坛。邀请东北抗战史专家讲述革命历史，开展"表演+讲述"主题汇演与读书沙龙，分享心得体会，传承红色基因。深化青年理论提升工程，组建沈阳海关宣讲队伍，通过视频形式面向基层进行专题宣讲6次。组织沈阳海关"两优一先"代表，在疫情防控中表现突出的等各级各类先进典型宣讲13次。设立"银发课堂"，邀请老党员开展"讲党课""谈谈我的入党经历""老党员背后的故事"等活动，以集中授课、口述访谈、面对面交流等形式为青年关员授课

4次，传承智慧经验。组织"永远跟党走"群众性主题宣传教育活动。运用"九·一八"历史博物馆、辽沈战役纪念馆等辽沈"红色地标"，开展"缅怀先烈学党史""踏红色足迹""绘革命地图""党史学习之路"等特色主题党日活动，推动体验式、沉浸式学习。深化"我们的节日"活动，开展"爱祖国 跟党走"端午节活动，组织观看"红色电影"，诵读"红色家书"，举办"永远跟党走"主题书画摄影展，引导党员干部自觉接受精神洗礼，激发昂扬斗志。组织庆祝中国共产党成立100周年活动。开展"党旗在基层一线高高飘扬"活动，设立45个党员先锋岗，引导党员干部立足岗位建功，在维护国门安全、深化改革创新等重大任务中担当作为，带头解决群众最关心、最直接、最现实的问题。开展沈阳海关"两优一先"表彰暨"唱支山歌给党听"主题活动，组织新党员入党宣誓仪式，为老党员代表颁发"光荣在党50年"纪念章，深化党性教育。

三、推动"我为群众办实事"实践活动取得实效

多渠道调研"访民情"。坚持"三个走进"，党委书记牵头主持召开3场政府部门和进出口企业座谈会，针对隶属海关功能化建设改革、业务职责厘清、实货监管情况，收集意见建议48条，全部给予正式书面答复。关党委委员分赴地方党政、基层一线调研42次，解决19个方面102项群众急难愁盼问题。深入研究"列清单"。成立专项工作小组，针对企业困难制订"一对一"解决方案，助力企业转型升级；建立"点对点"精准帮扶机制，指导帮助危险化学品出口企业完善安全生产体系，指派专员向企业告知进口国或地区危险化学品相关要求，引导化工企业按照标准进行安全生产。深入推动"解难题"。结合实际制定重点民生项目清单，确定18个重点项目、51条具体措施，细化责任分工和完成时限，现已逐一落实。以巡视整改为契机，着力从体制机制层面解决问题，根据巡视反馈问题主动查找管理漏洞并建立完善10项制度机制，完成2项与行政相对人密切相关的整改任务，切实提升干部群众的获得感。"建党百年，惠企行动""迅速贯彻落实六中全会精神，'三个便民通道'建立办实事长效机制"2个项目获评总署"'我为群众办实事'百佳项目"。

学习贯彻十九届六中全会精神

沈阳海关深入学习宣传贯彻党的十九届六中全会精神，强化统筹部署，坚持入脑入心抓学习、学以致用抓落实。

一、强化统筹部署，明确学习贯彻有关要求

关党委第一时间召开党委会传达学习，迅速制发学习宣传贯彻方案，明确总体要求、重点内容及10个方面具体安排，要求关区各级党组织和广大党员干部深入学习全会公报、《中共中央关于党的百年奋斗重大成就和历史经验的决议》（以下简称《决议》）以及习近平总书记所作说明等内容，全面领会、深刻把握党的十九届六中全会的基本内容、丰富内涵与核心要义。深入领会总结党的百年奋斗重大成就和历史经验的重大意义，深入领会习近平总书记在全会上的重要讲话精神，深入领会党的百年奋斗的初心使命和重大成就，深入领会中国特色社会主义进入新时代的历史性成就和历史性变革，深入领会党的百年奋斗的历史意义和历史经验，深入领会以史为鉴、开创未来的重要要求。在把握以上6个方面重点内容的基础上，将深入学习贯彻全会精神与深化党史学习教育结合起来，与弘扬伟大建党精神结合起来，与挖掘整理海关红色资源、传承红色基因结合起来，与推动关区工作发展结合起来，与"我为群众办实事"实践活动结合起来，坚持原原本本学、融会贯通学、联系实际学，把"两个确立"转化为做到"两个维护"的思想自觉、政治自觉、行动自觉，推动学习宣传贯彻工作取得良好效果。

二、强化组织推动，迅速掀起学习宣传贯彻热潮

党委带头示范学。2021年11月30日—12月7日，举办党委理论学习中心组（扩大）学习暨党的十九届六中全会精神专题学习班，关长郝炜明做开班动员宣讲，对关区学习贯彻工作进行部署并提出要求，关党委委员逐一作研讨交流，学习班成员集中观看专题宣讲视频课程并开展分组讨论。各隶属海关党委通过召开党委

会、举办党委理论学习中心组学习和专题学习班，开展集中研讨交流，深化学习理解。两级党委委员带头到所在支部或联系点，结合分管领域工作做宣讲，引导党员干部学深悟透全会精神。各级党组织普遍学。各基层党组织利用"三会一课"、主题党日、联学联建等形式，组织广大党员干部原原本本、逐字逐句反复研读。为党员干部配发《决议》《〈中共中央关于党的百年奋斗重大成就和历史经验的决议〉辅导读本》《党的十九届六中全会〈决议〉学习辅导百问》等学习材料，引导广大党员干部运用好《习近平谈治国理政》第一卷、第二卷、第三卷和《论中国共产党历史》等重要著作，运用好"学习强国"App和海关e课堂、全员培训网站等平台，跟进学习全会精神。各基层党组织书记利用"班车课堂""微课堂"等形式宣讲40余次。结合党史学习教育深化学。把学习贯彻全会精神作为深化党史学习教育重要任务，引导党员干部贯通学习习近平总书记在党史学习教育动员大会上的重要讲话、"七一"重要讲话精神等，提高思想认识。落实青年理论提升工程，举办"学史·铸魂"青年红色讲坛，3名青年理论骨干专题宣讲全会精神。用好"沈水微风"微信公众号平台，宣传党的百年奋斗重大成就和历史经验，发布学习情况，为学习贯彻营造浓厚氛围。不断深化"我为群众办实事"实践活动，落实"问题清零""堵点会诊"等长效常态机制，于12月底前51项重点民生项目已全部完成。

三、强化学用结合，推动全会精神全面落地落实

强化底线思维，落实总体国家安全观。加强海关全链条监管，完善事前、事中、事后监管协同机制，大力推进风险防控一体化，强化各领域风险识别和防控能力水平；加强入境检疫，持续做好新冠肺炎疫情防控，严防登革热、疟疾等其他重大传染病、非洲猪瘟等动植物疫病疫情传入，严防外来物种入侵、口岸生物恐怖袭击等生物安全风险；聚焦象牙等濒危野生动植物及其制品、"洋垃圾"、冻品、成品油、汽车、农产品、"水客"走私重点领域，持续保持打击高压态势，维护社会安全稳定；严抓安全生产工作，完善各类风险防控体系、优化应急处突能力体系建设，以常态化、制度化、全员化的防控应对隐蔽性、突发性的风险，坚决守好国门安全。推动外贸发展，助力地方经济快速发展。全力支持辽宁深度融入共建"一带一路"，提升中欧班列战略通道等在保障外贸产业链、供应链畅通运转及稳定国际市场份额工作中的积极作用，支持建设中欧班列集结中心，全力推进东北陆海新通道建设；大力推进中国（辽宁）自由贸易试验区、沈阳综合保税区制度创新，整合综合保税区政策功能和沈阳空港口岸功能，实现"区港联动、以区促港、以港兴

区",逐步增强中国(辽宁)自由贸易试验区(沈阳片区)和沈阳综合保税区的创新示范作用和虹吸效应;打造对外开放新平台,大力支持跨境电商等贸易新业态发展,在RCEP框架下深度参与中日韩经贸合作,以高水平对外开放推动高质量发展;持续优化口岸营商环境,深化"放管服"改革,继续创新举措压缩整体通关时间,持续释放海关业务改革和隶属海关功能化建设改革红利。聚焦全面从严治党,推进清廉海关建设。深入落实全面从严治党主体责任清单,加强对"一把手"和领导班子监督,切实履行全面从严治党主体责任和监督责任;以加强党风廉政建设15个方面50项具体措施为抓手,抓实落细层级管理制度,深入探索基层党支部教育管理党员的具体路径;加强"制度+科技"运用,建立风险联合研判机制,巩固拓展"现场监管与外勤执法权力寻租"专项整治成果,用好监督执纪"四种形态",深化打私反腐"一案双查",深化以案促改,坚持正风肃纪;常态化开展纪律作风检查,切实加强干部职工的"八小时外"监督管理,着力打造一支高素质准军事化纪律部队。

统筹口岸疫情防控和促进外贸稳增长

2021年以来，沈阳海关深入贯彻落实习近平总书记重要讲话和指示批示精神，把疫情防控工作作为重中之重，毫不松懈筑牢口岸检疫防线，严防疫情通过口岸蔓延。同时，全面推进稳外贸稳外资工作，紧紧围绕通关便利化和服务外贸高质量发展工作大局，持续优化口岸营商环境，大力促进跨境贸易便利化。

一、毫不放松做好常态化口岸疫情防控

新冠肺炎疫情发生以来，沈阳海关坚决贯彻落实习近平总书记重要指示批示精神，在疫情大战大考中经受住了考验。加强风险分析研判，密切关注印度及中国周边国家疫情动态，对来自安哥拉经德国中转入境等重点航班、来自或停靠印度等高风险国家和地区的国际和地区航行船舶进行科学精准分析布控。从严从紧开展口岸卫生检疫，对"一空两港"入境人员严格实施健康申明卡核验、体温监测、医学巡查、采样检测、病毒测序等措施，坚决做到"四个必严"，对所有健康申报事项严格核验，对所有疑似人员严格实施排查，对所有进境旅客严格进行采样检测，对所有检出阳性严格快速上报。强化与省市联防联控机制配合，落实转运隔离等防控措施，实现无缝衔接、闭环管理。在全国率先应用疫情防控信息化作业系统，实现空港口岸作业环节全流程无纸化，入境卫生检疫人均用时不超过15分钟，最大限度优化沈阳空港口岸入境体验。

根据总署最新要求，制发、更新疫情防控相关各类方案、预案，动态调整防控举措。持续关注境外疫情形势，综合考虑全球疫情形势、地方防控政策、联防联控等情况，动态更新口岸疫情防控工作方案，加强现场业务指导。根据"一口岸一方案"原则，指导各口岸隶属海关结合实际及常态化疫情防控要求，严格落实"三查三排一转运""七个100%"等疫情防控措施。第一时间做好风险预警提示，根据新冠病毒变异情况，开展分析研判，重点关注日本、韩国、印度等周边国家和地区疫情发展趋势，严防德尔塔等新冠变异毒株传入境内，及时在综合业务数据平台发

布预警，联合风控分局、口岸隶属海关通过情报分析、流调、布控等手段加强重点国家和地区入境人员的检疫排查。共计发布风险预警9篇。严格落实口岸疫情防控政策，指导各口岸隶属海关严格按照最新版的技术方案、操作指南及相关文件要求，对入境人员严格实施健康申明卡核验、体温监测、医学巡查、流行病学调查、医学排查和采样检测等措施，做好信息通报和移交处置。严格按照布控指令做好对航空器、船舶等交通工具的登临检疫，以及入境客运航空器终末消毒和废弃物处理监督。坚持"多病共防"，加强埃博拉、拉沙热、鼠疫、中东呼吸综合征等重大烈性传染病疫情监测和分析研判，采取有力措施，有针对性地加强对重点国家和地区、重点航班、重点人群卫生检疫，2021年关区共检出30例疟疾、病毒性肝炎、登革热、肺结核等新冠肺炎以外其他传染病入境人员。加强口岸疫情防控的培训和演练，关区开展常态化业务技能培训提供技术支撑和保障，全年组织口岸一线、支援人员开展各类业务技能和个人防护培训33场次、871人次。制定高风险非冷链集装箱货物检测和预防性消毒工作方案和阳性处置预案，并结合实际及时更新修订。严格规范入境客运航空器终末消毒监督工作。明确了实施进境客运航空器消毒监督的情形和条件，对现场消毒监督提出了要求，明确了相关职能部门的责任分工，压紧压实相关单位主体责任。指导机场海关做好入境航空器终末消毒监督工作，科学精准规范实施入境客运航空器消毒监督。进一步强化口岸联防联控。加强同卫健委等部门的协作配合，在风险研判、人员转运、采样检测、后续处置等重点环节紧密对接，确保全部入境人员闭环管理；巩固同地方疾控部门建立的"海关—地方联合采样结果互认""专人信息互通"机制，开展实验室间比对试验；依托地方检测能力，对阳性样本开展全基因组测序。2021年，沈阳海关共检疫查验出入境人员91,381人次。

坚持"人物同防"，精准做好入境人员、交通工具、邮件快件跨境商品卫生检疫、口岸环节进口冷链食品和高风险非冷链集装箱货物新冠病毒采样和预防性消毒监督等工作，以打赢口岸疫情防控的"阻击战"、做好安全防护的"攻坚战"为目标细化工作措施，确保各环节无缝衔接、闭环管理。优化疫情防控作业区域设置，在集铁查验区域设置独立休息区域、加装遮阳雨棚及空调等降温设施，在集铁、锦州港、葫芦岛港配置检疫关员脱卸防护服的安全防护方舱，在沈阳桃仙机场进境旅检流调台配备透明隔板和通话设施；规范沈阳机场旅检现场各功能分区和人员通道设置，进一步明确各功能区界线，区分机组、旅客、工作人员通道，避免交叉污染。自主研发关区疫情防控追溯（非冷链）系统，实现疫情防控流程管理。

二、优化服务打造对外开放新前沿

（一）打通"堵点"大幅压缩整体通关时间。

统筹推动落实通关便利化改革措施，在"减单证、优流程、提时效、降成本"等方面持续发力，进一步压缩通关时间。2021年12月，沈阳关区进口整体通关时间26.17小时（全国平均32.97小时，下同），较2017年压缩85.82%（全国66.14%），较上年压缩23.68%；出口整体通关时间0.30小时（全国1.23小时），较2017年压缩94.78%（全国89.98%），较上年压缩14.29%。进口通关时间和压缩比在全国42个直属海关同期指标中排名分别进入前20位和前15位，出口排名进入前10位和前20位。

（二）畅通节点支持辽沈地区融入共建"一带一路"。

积极促进中欧班列（沈阳）运行提质增效，设置"中欧班列绿色通道"，优先办理中欧班列业务，坚持推行"'延时、错时'+7×24小时预约通关"，实施"优先申报、优先实施查验、优先放行"提高通关效率，允许企业自主选择通关模式，减少报关次数降低报关成本；设立中欧班列联络员，建立现场海关与铁路公司、中欧班列运营商、报关企业的沟通协调机制，及时解决班列运行出现的问题；将卡口识别功能由以车辆为单元变更为以集装箱为单元，实现了多车核放及集装箱数据自动识别；深入推进中欧班列"区港直通"改革，实施"一次运抵、一次申报、一次装卸、一次验放"，破解中欧班列装载节点与自由贸易试验区、综合保税区物理区位隔离的发展瓶颈，相关报告也得到了省委书记张国清的肯定批示。2021年，关区申报监管中欧班列405列、标准集装箱55,205箱次，同比分别增加20.5%和56.8%，开行列数位列东北第一。

（三）突出亮点促进开放平台建设。

积极推动自由贸易试验区海关监管制度创新，研究"进口冷链食品疫情管控新模式""出口蜂蜜'信用监管+组批检验'新模式"等5项创新举措作为新一批省内可借鉴推广改革创新经验。推动沈阳综合保税区、中国（辽宁）自由贸易试验区（沈阳片区）"两区"优势叠加，推进沈阳地区隶属海关功能化改革，对"邮快跨"业务实施集约化管理，调增监管服务机构，配备专业化人力资源。自主开发"跨境电商出口商品清单布控定位分拣信息化系统"，充分发挥X光、CT机等监管设备作用，用智慧监管理念推动实现"科技赋能"，提高监管作业效能，助力跨境电商、健康有序发展。目前，关区"1210""9610""9710""9810"模式均已开通，业务发展迅猛。

（四）解决"难点"落实惠企暖企措施。

深入开展党史学习教育"我为群众办实事"实践活动，沈阳海关主要负责同志牵头组织召开3场专题企业座谈会，围绕"综合保税区、中欧班列和跨境电商协同发展""空港国际物流优化升级""促进汽车制造产业发展"3个方面，收集政府部门及重点企业意见建议48条，做到责任到人、限期解决并以书面形式正式答复。分类出台改革服务举措，制定出台《沈阳海关认证企业（AEO）管理措施目录》，有力加强企业信用培育。着力落实和解决企业"注销难"问题，积极推进"企业注销便利化"工作。积极开展产业调研及统计分析，依托属地纳税人管理"一对一"指导企业用好用足减免税政策，推动"产学研"向"政产学研用"发展。密切关注RCEP协定实施进展，结合辽宁外贸主要产品和国别特点，对关区进出口变化趋势进行研判，为地方外贸管理部门和企业提供参考和指导。加大对企培训力度，全面提升企业运用协定的能力。

优化口岸营商环境打造对外开放新前沿

2021年，沈阳海关深入贯彻落实习近平总书记关于东北、辽宁的重要讲话和指示批示精神，持续优化口岸营商环境，大力提升跨境贸易便利化水平，不断优化服务打造对外开放新前沿。

一、优化口岸营商环境，不断提升贸易便利化水平

积极对接省委省政府营商环境建设工作部署，印发《沈阳海关复制推广借鉴优化口岸营商环境促进跨境贸易便利化改革举措工作方案》等方案，不断提升贸易便利化水平；加强与省市营商、商务、市场监管等部门工作联系，协同推进东北振兴"十四五"规划在关区内落地、中国（沈阳）跨境电子商务综合试验区"盛大门"项目运营、锦州港开通国际货运航线等专项工作，推动外贸高质量发展；建立市场监管领域部门联合"双随机、一公开"沟通协调联络机制，开展部门间联合"双随机、一公开"抽查；推动落实总署精简进出口环节监管证件要求，将进出口环节监管证件由86种精简至41种，除3种因保密要求未实现联网核查外，其余38种全部实现联网核查和自动比对。

二、优化通关流程，持续巩固压缩货物整体通关时间成效

全面推广"提前申报"业务模式，深化"两步申报""两段准入"业务改革；持续深入推进进口矿产品"先放后检""依企业申请"和进口汽车零部件"先声明后验证"等改革措施，探索扩大实施范围；扎实推进"船边直提""抵港直装"作业模式改革，不断提高通关便利化水平，强化巩固压缩货物整体通关时间成果；制订《沈阳海关提升跨境贸易便利化水平推动进出口货物整体通关时间"最短化"工作方案》，并组织推动实施。

2021年12月，沈阳关区进口整体通关时间26.17小时（全国平均32.97小时，下同），较2017年压缩85.82%（全国66.14%），较上年压缩23.68%；出口整体通关时间0.30小时（全国1.23小时），

较2017年压缩94.78%（全国89.98%），较上年压缩14.29%。进口通关时间和压缩比在全国42个直属海关同期指标中排名分别进入前20位和前15位；出口排名进入前10位和前20位。《沈阳海关关于近期推进沈阳市进出口货物整体通关时间"最短化"工作情况的报告》获沈阳市委书记王新伟批示肯定。

三、积极推动融入共建"一带一路"，服务中欧班列运行提质增效

设置"中欧班列绿色通道"，主动加强与满洲里、绥芬河、霍尔果斯等边境海关合作，畅通联动渠道；自主实施"区港直通"改革试点，通过优化流程、简化操作，实现中欧班列物流节点与综合保税区功能互补、政策叠加，打通中欧班列国际中转货物集拼、混拼业务堵点，整合班列物流节点与综合保税区资源，一定程度上缓解了基础设施升级改造不足与班列迅速发展之间的矛盾，通关效率有了较大幅度提升。2021年12月，中欧班列进口整体通关时间为34.14小时（全国无此项平均数据），较上年压缩59.17%，在主要中欧班列节点城市中（郑州、成渝地区、南京、西安、长沙等）排名第2位。2021年，关区申报监管中欧班列405列、标准集装箱55,205箱次，同比分别增加20.5%和56.8%，开行列数位列东北第一。

四、持续提升纳税服务水平

积极为符合条件的企业办理滞纳金减免，2021年共为9家企业减免滞纳金共178.37万元。持续做好RCEP实施准备，以关区原产地技术专业小组为核心开展业务研究；为辽宁省商务厅、沈阳市商务局等部门开展RCEP专项业务培训，累计培训企业1,000余家。大力开展税政调研，从国家宏观经济决策制定方面发挥企业行业"助推器"作用。在关区深入开展税政调研工作，上报相关建议59项，其中18项建议进入一般性行业调研，是2020年的4.5倍，涉及集成电路及装备制造、生物医药、医疗器械、农产品、消费品和汽车等行业。

五、积极开展自贸制度创新

积极打造"中欧班列'区港直通'管理新模式""出境原产地证书'信用监管'签证模式""沈阳片区跨境电商保税展示新模式""中欧班列集货中心'无人机+监管'模式创新""自贸试验区沈阳片区对外贸易公共检测平台"创新举措，以上5项创新举措将被纳入中国（辽宁）自由贸易试验区新一批省内可借鉴推广改革创新经验。

六、惠企助企支持产业发展

结合党史学习教育开展"建党百年惠企行动"，制定《沈阳海关认证企业（AEO）管理措施目录》，给予认证企业更多便利措施。聚焦实际企业需求，通过企业协调员、海关信用信息服务"及时语"

等多渠道持续推进惠企措施落地见效，解决企业各类"急难愁盼"问题188个。积极开展产业调研及统计分析，依托属地纳税人管理"一对一"指导企业用好用足减免税政策，推动"产学研"向"政产学研用"发展。组织工作专班支持中核辽宁核电有限公司徐大堡核电站建设，协调解决进口大件设备运输、商品检验等问题，保障重大项目顺利开工。

打击走私重点专项工作

沈阳海关持续加大打击走私力度，有效推进全员打私，联合研判走私风险，2021年，海关移交线索刑事立案数量11起，同比增长37.5%，海关查发案件数在缉私部门办理的刑事案件中占比达50%，实现量质齐升。坚决有力开展"国门利剑2021"行动，刑事立案22起，案值4,700万元；行政立案121起，案值2.5亿元。推进"智慧缉私"建设，强化与地方执法协作，打击走私综合治理能力不断增强。

充分发挥口岸监管职能作用，制发相关方案，建立健全工作机制，指导做好行邮渠道监管查缉，积极开展打击治理"水客"走私、跨境电商进口走私"断链刨根"、打击枪支走私犯罪等专项行动，及时调整查缉重点，科学制定查缉方式方法，统筹推进非贸渠道打私工作；强化正面监管，加大对野生动植物、濒危动植物及制品、毒品、精神类药品、枪支、管制刀具和非法出版物等违禁品打击力度，关注各类违禁走私物品来源国和地区新种类和新形态的动态发展变化，及时总结经验做法，按时向总署报送典型查获案例，其中查获精神类药品、濒危动植物制品等情事被总署采用转发；组织专题培训，通过海关e课堂形式对相关业务人员培训，科学分析各类违禁走私物品走私新手法，拓宽现场关员对相关物品的认知度，提高一线关员机检判图水平；持续对敏感、重点商品加大查验力度，发现可疑情况，一律彻底查验，增强实际监管力度；组织做好X光机、CT机、H986等监管设备应用，加强查验单兵作业、音视频执法系统等设备配备，进一步提高现场监管效能；加强与缉私、风险、隶属海关等部门、单位密切联系配合，形成工作合力，防范"洋垃圾"等违禁物品非法入境风险；开展跨境电商"断链刨根"专项整治工作，借鉴"大数据"理念开展以信息为主导的"风险筛选"，调整优化查验模式，实施精准监管，协同联动邮政企业等相关部门，形成综合治理合力，对2家企业进行约谈、敦促整改。

2021年，共查获违禁印刷品及音像制品1,937件，同比增长44%；查获精神类管制药品59起、8,112粒，同比分别下降

6.3%、45%；查获仿真枪支部件7起，共111件；查获濒危物种及其制品1,010件，毛重27千克，其中疑似象牙制品450件，毛重16.27千克；缉私刑事立案6起，其中涉及进口二手高档手表1起、进口香烟4起、进境精神类药品1起。邮递渠道查获侵权商品67批次、355件；跨境电商渠道查获侵权商品1,570批次、6,827件，批次同比增长2.09倍。

开展国门生物安全与食品安全行动

一、严防动植物疫情疫病传入

2021年，沈阳海关共检疫非洲猪瘟疫区入境航班201架次、船舶102艘次，旅客携带物截获猪肉及其制品共20批次、47.482千克，非洲猪瘟检测结果均为阴性，对非洲猪瘟疫区进境船舶上的猪肉及其制品共16,233千克进行了封存处理，要求离港后再解封使用。进境寄递物共截获猪肉及其制品34批次、78.081千克，非洲猪瘟检测结果均为阴性。全年，共开展进出境动物疫病监测625份、2,501项次，检出不合格1项次，为进境种禽中检出动物检疫二类疫病禽白血病，这是全国首次在进境种禽中检出禽白血病。印发《沈阳海关关于进一步加强高致病性禽流感疫情防控工作的通知》《沈阳海关关于进一步加强非洲猪瘟等重大动物疫情防控工作的通知》等重大动植物疫情防控工作文件以及《沈阳海关进出境动物检疫人员安全防护作业指导书》等4个动检领域作业指导书，发布防止重大动植物疫情传入的警示信息25条；开展动物疫情收集、编译和评估上报工作，组织编写《沈阳海关动植物检疫和食品安全信息动态》6期，被总署采用刊发植物疫情信息83条；破解准入难题，为沈阳某制药企业解决进口去纤维蛋白小牛血原料缺乏问题，并向总署上报，总署动植物检疫司将此事作为"为民办实事"的重点工作，该企业进口100吨小牛血的进境动植物检疫许可证已正式获批。

二、严防外来物种入侵

2021年，从进境动植物及其产品中共检出有害生物110种、582种次，其中检疫性有害生物13种、88种次。制发《沈阳海关关于认真落实进一步加强外来物种入侵防控工作方案的通知》，成立沈阳海关外来入侵物种防控技术工作组，为关区外来物种入侵防控提供技术支撑与咨询，及时研究解决防控工作中遇到的管理与技术问题，全面提升口岸防控能力，不断巩固口岸把关成效。制发《沈阳海关关于开展打击非法引进外来物种和种子苗木"国门绿盾2021"行动的通知》，成立"国门绿盾2021"行动领导小组，组织开展关区打击非法引进外来物种和种子苗木"国门绿盾2021"行动，全年共截获外来物种94批次，其中旅检渠道37批次，来自日本、韩国、德国、安哥拉、阿根廷等国家和地区，包括种子、插条、种球、块根、块茎、昆虫等；邮检渠道57种次，来自日本、德国、俄罗斯等国家和地区，包括种子、昆虫等。按照任务分工，开展日本、韩国、朝鲜、中欧、东欧地区等国家和地区的植物疫情信息监测、分析和评估工作。组织举办国门生物安全监测标本展，集中展示近年来在口岸疫情防控和国门生物安全监测工作中截获和发现的外来物种、有害生物标本及相关成果，展出草地贪夜蛾、桔小实蝇、刺萼龙葵等有害生物标本158盒、315种。现场授课18场，关区干部职工300余人参观学习。面向中小学生等社会群体开展国门生物安全科普讲座3期。宣传贯彻《中华人民共和国生物安全法》，普及动植物疫情疫病防控等国门生物安全知识。

三、冷链食品防控新冠肺炎疫情

2021年，关区通过转关贸易的方式进口冷链食品305票，命中新冠病毒核酸检测6票，送检样品114个，检测结果全部为阴性；开展进口冷链食品口岸环节预防性消毒77票，共计154标准集装箱，119,780件货物。主要工作措施及成效：

（一）加强源头管控、严格检疫审批。

在进口冷链食品检疫审批工作中密切关注总署公布的准入名单和采取的紧急预防性措施，严格准入管理。在进口冷链食品报关单审核、现场检查等环节重点核验货物及相关单证信息，严禁以任何理由或方式接受被采取紧急预防性措施的企业在暂停期内的进口申报。

（二）进口冷链食品信息追溯工作。

制订《沈阳海关进口冷链食品口岸环节预防性消毒实施方案》，对口岸已实施预防性消毒的货物批次，在通关单证上增加口岸环节的消毒作业信息，以便地方人民政府在后续环节组织对未在口岸消毒的货物实施预防性消毒。研发应用"疫情防控作业（冷链食品）信息化系统"，实现进口冷链食品接触人员信息电子化，确保追溯链条完整。

（三）认真开展核酸检测和口岸环节预防性消毒监督工作。

认真贯彻落实国务院联防联控机制，按照总署统一部署，制订印发《沈阳海关进口商品风险监测工作实施方案》等多个文件，有效保证关区进口冷链食品的核酸采样送检和口岸环节预防性消毒的监督管理工作有效开展。严格按照系统布控指令，科学、规范地实施抽采样、实验室检测、消毒处理等相关工作。强化海关监管作业现场"人、物、环境同防"，不折不扣落实好各项常态化防控措施，保障进口食品安全，保护消费者身体健康。

（四）开展培训考核及应急演练工作。

持续强化一线人员实操培训考核。根据关区一线查验人员需求，多次组织开展进口冷链食品采样及防护技能实操考核，充实一线人员队伍，确保关区进口冷链食品采样、送样等工作有序规范开展，目前关区共有21名关员通过实操考核。组织开展"进口冷链食品新冠病毒检测采样培训和应急演练"，现场模拟查验采样、样品溢洒、实验室送检、检出核酸阳性后的应急处置等全过程。录制《沈阳海关进口冷链食品新冠病毒检测采样和应急处置培训》视频教程，方便一线人员随时学习。

（五）严格做好个人安全防护及人员封闭管理工作。

印发《沈阳海关关于进一步加强进口冷链食品（含高风险非冷链食品和动植物产品）监管工作人员新冠肺炎疫情安全防护工作的通知》，从个人安全防护、严防职业暴露、提高应急处置能力、严格落实"封闭管理"规定等方面逐项进行规范，持之以恒打好安全防护"攻坚战"。

（六）加强监督检查。

做好日常监督，成立作业现场督导检查专班和关区挑毛病专家组，对每一批进口冷链食品的采样、查验和预防性消毒工作进行视频监督，多次对进口冷链食品新冠病毒核酸采样环节、预防性消毒监督环节、个人防护环节进行业务督查，及时发现问题隐患，并督促整改落实。开展专项督查，对关区两个业务现场的疫情防控工作进行检查，发现问题及时要求制定措施进行整改。做好风险排查，坚决贯彻落实习近平总书记重要指示精神，严防新型冠状病毒污染冷链食品输入风险，进一步加强进口冷链食品监管工作人员新冠肺炎疫情安全防护工作，坚决落实好"人物同防"，对关区开展风险排查与监督。

第三篇

政治建设

党建工作

【宣传思想文化】2021年,沈阳海关不断强化思想理论武装,扎实开展党史学习教育,统筹部署庆祝中国共产党成立100周年活动、"永远跟党走"群众性主题宣传教育活动,全面落实意识形态责任制,持续强化精神文明建设,将关区宣传思想文化工作落到实处。

▲2021年4月,政工办党支部开展党日活动

制订党委理论学习中心组年度学习计划,开展党委理论学习中心组学习11次,集中学习习近平总书记重要讲话精神;举办2期党史学习教育读书班,以百年党史、"七一"重要讲话为重点内容,开展集中学习研讨,发挥"关键少数"示范带动作用。完善隶属海关党委理论学习中心组学习巡听旁听及报备制度,对13家隶属海关党委学习报备情况中发现的10类(40个)问题进行点对点工作提醒。深入实施青年理论学习提升工程,举办"学史·铸魂"青年红色讲坛5期;线上线下同步搭建"红色课堂",组织老党员、先进典型、青年理论骨干宣讲70余次。

开展党史学习教育。制订沈阳海关党史学习教育工作方案,细化8个方面重点任务。成立巡回指导组,建立组长负责制、联络沟通机制、周汇报机制以及信息交流4项巡回指导工作机制。召开党史学习教育推进会,交流经验、查找不足,确保按节点推进工作任务。组织学习习近平总书记在党史学习教育动员大会上的重要讲话精神、"七一"重要讲话精神以及习近平总书记关于党史的重要论述,推动党员干部用好4本指定书目,重点围绕4个专题开展学习交流。深入推进"我为群众办实事"实践活动,在"三个走进"基础上，汇总梳理19个方面102项问题，推动沈阳海关党委重点民生项目清单18个重点项目、51条具体措施逐一落实。"建党百年，惠企行动""迅速贯彻落实六中全会精神，'三个便民通道'建立办实事长效机制"2个项目获评总署"'我为群众办实事'百佳项目"。

统筹开展庆祝中国共产党成立100周年活动。两级党委委员讲党课38次，各基层党组织书记累计讲党课143次；推动关区119个党支部高质量召开专题组织生活会。运用"九•一八"历史博物馆、辽沈战役纪念馆等辽沈"红色地标"，开展"缅怀先烈学党史""踏红色足迹""绘革命地图""党史学习之路"等特色主题党日活动，推动体验式、沉浸式学习。深化"我们的节日"活动，开展"爱祖国 跟党走"端午节活动，组织观看"红色电影"，诵读"红色家书"，举办"永远跟党走"主题书画摄影展，引导党员干部自觉接受精神洗礼，激发昂扬斗志；开展沈阳海关"两优一先"表彰暨"唱支山歌给党听"主题活动，组织新党员入党宣誓仪式，为老党员代表颁发"光荣在党50年"纪念章，深化党性教育。

推进精神文明建设工作。制定《2021年沈阳海关精神文明建设实施措施》，明确14项重点措施，对2021年关区精神文明建设工作进行部署。按照中央关于加强网络文明建设的意见，明确5个方面要求，落实党中央《新时代加强和改进思想政治工作的意见》，开展思想动态问卷调查，把握队伍思想状况；开展"文明新风、志愿有我"学雷锋志愿服务活动，依托"海之润"心理工作室，通过谈心谈话、"心灵读书会"、心理沙龙等形式，加强对干部职工的心理疏导。

【基层组织建设】巩固拓展"强基提质工程"成果。创新党建工作思路，建立部署、推进、评估、考核的闭合回路，双向激励推动关区党建上台阶。开展模范机关创建活动，向总署报送2家模范机关创建经验；推动关区5个全国海关党建品牌通过复核，完成关区34个"四强"党支部和14个党建品牌复核；动植食处党支部"六二一"工作模式获评总署"书记项目"试点，参评总署开展支部书记"百问百答"活动；1篇"微党课"视频被总署展播并获得最佳组织奖；3个基层党组织和5名同志被授予省直机关"两优一先"称号；10个基层党组织和45名同志被授予沈阳海关"两优一先"称号。

▲2021年7月，人事教育处党支部组织开展重温入党誓词活动

健全党建工作制度体系。组织召开中共沈阳海关直属机关第二次代表大会,选举新一届机关党委委员和纪委委员,充分履行党员民主权利,切实加强机关党委班子建设;分三批次发展党员,保持党员队伍生机活力;落实党委委员与执法一线科室联系点和基层党支部联系点制度,加强党建与业务深度融合;对8类35名重点帮扶对象建档立卡,持续落实党内关怀帮扶长效机制。

着力破解党建难题。围绕总署巡视反馈,全面梳理政工线条工作,主动认领4个方面12类20个问题,制定34项整改措施,逐一整改逐一落实,切实加强自身建设;组织开展基层党组织书记培训和党务工作者培训,通过基层调研和"点对点"指导围绕基层党建难题进行探索;抽取16家机关、基层、事业单位党支部开展政工条线日常监督检查,督促支部补齐短板,提升基层党建质量。

【党风廉政工作】2021年,沈阳海关把党史学习教育作为全年重大政治任务,用沈阳海关红色资源拓展学习效果,组织开展庆祝中国共产党成立100周年系列活动,推进"我为群众办实事"实践活动。修订完善《沈阳海关党委工作规则》《沈阳海关贯彻落实"三重一大"决策制度实施办法》《沈阳海关党委议事清单》。召开中共沈阳海关直属机关第二次代表大会,选举新一届机关党委委员和纪委委员。

按照全国海关全面从严治党工作会议部署,梳理6个方面58项任务,定期跟踪问效。党委书记全年专题研究部署全面从严治党、党风廉政建设重点工作78项,对10个部门落实全面从严治党情况开展专题调研,对巡视整改、"现场监管与外勤执法权力寻租"专项整治、"一案双查"制度等重要工作、重点环节靠前指挥、统筹部署。党委纪检组组长参加机关党委会及相关重要会议监督"三重一大"事项决策296项,提出意见296项。党委委员召集分管部门、联系单位专题研究部署全面从严治党、党风廉政建设会议136次,制定加强风险防控工作措施173条。

制定沈阳海关加强对"一把手"和领导班子监督49项措施。开展党组织书记抓基层党建述职、隶属海关党委书记述责述廉述党建评议考核工作,对36个党组织书记述职报告逐一印证审核,选取10名党组织书记现场述职、接受评议。开展隶属海关党委书记、党委秘书专项培训,规范领导干部个人有关事项申报。

沈阳海关动植食处党支部建立"六二一"党建工作模式,获评全国海关"书记项目"试点。

以总署巡视作为检验关区工作的契机,建立挂账销号、关党委审核验收、中长期整改月度反馈等6项工作推进机制。沈阳海关党委班子紧盯15项重点问题,解决了2家公司保税料件短少、电子手册异常处置时间长达3年和12年无结果等一批历史遗留问题。关党委听取专题汇报38次，指导纪检监察和人事政工部门开展日常监督122次、职能部门开展常态化检查263次。

修订沈阳海关加强党风廉政建设15个方面50条措施，开展廉政风险季度分析报告制度，建立"一科室一清单"，有效织密风险防控网。集约各业务系统分析结果，对关区整体业务运行质量开展全领域、全链条的分析排查，加大大数据"云擎"推广应用力度，开展海关情报分析处置工作。

开展警示教育月活动，组织开展"基层书记组长谈责任"视频访谈，基层党支部书记、各派驻纪检组组长讲"廉课"120次，落实沈阳海关典型案例通报制度，对2020年查处的违纪违法案件开展以案促改"回头看"，对受处分人员进行回访教育。同步梳理排查风险和薄弱环节205个，形成问题清单36份，制定风险防控措施245条，点对点制发提醒单11份。

开展"现场监管与外勤执法权力寻租"专项整治工作，梳理2012年以来110条问题线索，制发监督建议书19份，推动制定整改措施133条。组织两轮对6个部门单位开展专项、常规巡察和"回头看"，发现问题59个，巡察覆盖率达78%。

落实中央八项规定精神。面向隶属海关和执法一线科室党员干部宣讲，治理违反中央八项规定精神突出问题，把日常检查和集中督查结合起来，开展公务用车、办公用房等重点领域规范查处，发现5个方面13个具体问题，提出建议3条，查处违反中央八项规定精神问题1个，处理4人。出台沈阳海关持续改进会风文风克服形式主义14项具体措施，开展"指尖上的形式主义"排查。坚持"过紧日子"，落实重大财务事项集体审批制度，提高预算执行效率和资金使用效益，制止餐饮浪费行为。

组织开展为期3个月的内务规范强化月活动，开展廉政周提醒制度，队伍"八小时"内外监督新模式，开展隔夜酒驾检查27次，全年无酒驾醉驾。开展关领导视频巡查和牵头部门轮值制度，全年常态化检查65次。开展窗口作风提升行动，继续开展海关政务服务"好差评"全事项、全渠道覆盖，坚持日报制度，全年好评率100%，12360海关热线接通率达到98.49%。

【群团工作】2021年年初，沈阳海关组织开展关区工会会员信息采集登记工作，实现会员信息管理的电子化、信息化和动态管理。规范工会经费收支管理，明确发放依据，修订《沈阳海关直属机关工会关心关爱工会会员十二项措施的暂行规定》。

组织干部职工向获评2021年度辽宁省"最美家庭"的刘晶玮同志学习。制作微视频《心声》，开展"我们的节日""六一"儿童节微视频讲故事、绘画活动，开展主题书法绘画作品展览和摄影作品展等活动；协调职工子女参加沈阳海关庆祝中国共产党成立100周年文艺汇演表演，组织开展"庆祝建党百年 激发奋进力量"气排球联谊赛及沈阳市范围内海关单位羽毛球联谊赛，开展以"文明健康 绿色环保"为主题的爱国卫生月活动；结合海关工作特点采取线上线下相结合的方式，通过网站、公众号、12360海关热线、报关厅、进出境国际孔道等平台，开展健康宣传教育。

摸底关区健身场地情况，补充沈阳海关综合业务设施楼健身场所体育活动用品，向省直机关工委请拨健身器材，沈阳海关机关和铁西海关配发到位健身器材10台套。为抗疫一线及封闭人员拨付工会经费和购买文体用品。为沈阳桃仙机场海关参加抗击疫情实施隔离的现场监管关员购买文体用品共5批，以丰富文化体育生活；为抗疫一线拨付工会经费7万元，其中锦州海关2万元、葫芦岛海关2万元和后管中心3万元。与沈河区朝阳一校公立幼儿园开展共建、研学和结对子活动，切实解决干部职工子女入托问题。关心关爱孕产妇，开展因病住院员工及职工家属丧事慰问工作。更新急救箱药品，增配24小时值守急救箱。完善阅览室使用及管理。

实施青年理论学习提升工程，青年理论骨干小组由40余人增加至60余人，举办"学史·铸魂"青年红色讲坛5期；线上线下同步搭建"红色课堂"，组织党员、先进典型、青年理论骨干宣讲70余次。开展主题团课、团日活动4期。组织团员青年重温入团誓词，开展诵读"红色家书"、观看"红色电影"、传唱"红色歌曲"活动。2021年，沈阳海关共有41名青年提交入党申请。

组织开展"文明新风、志愿有我"学雷锋志愿服务活动，"春暖辽宁"系列志愿服务行动5期。组织开展"青春心向党 奋进新时代"五四系列活动，组织青年参与沈阳海关庆祝中国共产党成立100周年系列活动、"永远跟党走"主题宣传教育活动、"四史"宣讲活动，开展"青春向党·奋斗强关"主题活动。运用身边红色资源，结合实际开展体验式、沉浸式、互动式学习。

开展2期青年文明号开放周活动，按照"便民利企，三亮、三公开"活动要求，对照所在集体"三亮、三公开"情况进行排查，梳理优化办事大厅服务功能的具体举措。开展"文明窗口"活动，部分窗口设立青年示范岗。沈阳海关1个青年文明号集体被命名为全国青年文明号。

组织青年关员参与以提升维护国门安全能力为主题的岗位练兵，重点围绕商检领域进出口危险品及其包装检验监管业务开展全员岗位练兵和技能比武。共105名青年关员参加岗位练兵和技能比武，并制作4个培训课件报送总署，岗位练兵成效获总署认可。

依托沈阳海关"海之润"心理工作室，通过谈心谈话、"心灵读书会"、心理沙龙等形式，加强对干部职工的心理疏导，开展2期"心灵驿站 关爱有我"活动。重视一线疫情防控人员安全防护，有针对性地做好一线疫情防控人员心理危机干预，关爱一线疫情防控人员身心健康，提供心理疏导服务15人次，帮助干部职工调适情绪困扰及心理压力。

巡视巡察

【巡视整改工作】 2021年，总署党委第三巡视组对沈阳海关党委开展常规巡视，向沈阳海关党委反馈巡视意见，指出4个方面14类40个问题，提出4个方面意见建议。沈阳海关党委坚持以巡视整改作为抓好班子、带好队伍、改进工作的重要契机，对巡视反馈意见诚恳接受、全盘认领，本着全面从严从实的原则，自觉主动接受监督，坚持"新人要理旧账"，举全关之力做好巡视"后半篇文章"。截至2021年年底，沈阳海关72项立行立改事项全部完成，18项中期整改事项已完成17项，6项长期整改任务持续推进中。

党委班子全面履行整改主体责任。成立巡视整改工作领导小组，通过"两上两下"制订具有完整性针对性可操作性的"两方案一清单"，明确任务书、时间表、路线图；建立"周报、月度通报、挂账销号、关党委审核验收、重要事项定期汇报、中长期整改月度反馈"6项工作推进机制，确保整改任务层层落实；严肃认真召开专题民主生活会，党委班子从思想认识、机制制度、组织落实、监督检查4个方面全面查摆11类问题，认真检视差距，深刻剖析原因，制定整改措施89项。

按期完成集中整改事项。对照总署党委巡视反馈意见和相关要求，研究制定有针对性和有效性的整改措施96条，逐一明确责任领导、责任部门和整改期限。集中整改期间，各部门、单位不等不靠、真改实改，72项立行立改事项全部完成，关区各项工作质量全面提升。

关党委建立中长期事项定期反馈机制，推动全关上下严格把握工作时限和节点，坚持目标不变、标准不降、力度不减，实现中期事项按期整改、长期事项长效推进。截至2021年年底，18项中期整改事项已按期完成整改17项，1项整改期限为2022年6月底的事项已取得阶段性进展；6项长期整改事项稳步推进，均已取得初步成效。

针对总署党委巡视工作领导小组反馈时点人点事指出的突出问题，结合天津特派办在巡视整改督导期间提出的工作要求，沈阳海关确定8个方面问题为重点整改事项，先后6次召开党委会专题研究重点事项，每月至少听取一次工作汇报；分管领导对重点事项整改专门指导，逐一审核工作方案，定期听取整改推进情况汇报，督促检查责任落实；相关部门、单位严格责任分析程序，成立调查小组，通过查阅资料、调阅系统记录、谈心谈话等多种方式，严肃认真、实事求是开展核查。对重点事项逐一开展责任分析，对54名同志进行约谈、提醒谈话、批评教育及谈心谈话，重点事项完成率为100%。

纪检监察部门全面落实监督责任。研究制订巡视整改监督工作方案，建立工作清单，明确7个方面15项监督内容，成立监督检查工作领导小组和8个监督小组，开展监督检查98次，发现问题42个，提出意见建议44条；各派驻纪检组充分发挥驻地优势，将巡视整改监督纳入派驻监督月度工作重点，与驻在单位建立共同监督、专人负责、会商通报、监督指导等机制，开展"对账式""项目化"监督，全面提升监督质效。人事政工部门扎实开展日常监督。人事部门聚焦关区选人用人领域制订巡视整改监督方案，明确8个方面重点监督内容，通过事前加强提醒、事中加强督促、事后加强考核的工作方法，实现巡视整改日常监督工作高质量运行。政工部门严格制订日常监督工作方案，成立巡视整改日常监督工作组，紧盯巡视反馈政工条线3个方面18个问题，建立周报、月度反馈、定期检查、挂账销号等多项推进制度，针对监督检查发现问题提出11个方面工作要求，推动整改落地落实。发挥职能部门作用形成监督合力。各职能部门主动认领本条线问题，深入查找"表现在基层、根子在上面"的问题，开展常态化监督检查共263次，提出工作要求和给予具体指导建议85条，上下联动推进整改任务落实落细。

各部门、单位坚持"当下改"与"长久立"相结合，对于具有一定普遍性、倾向性的问题，坚持举一反三、强化源头治理，建立完善强化监管优化服务、堵塞风险漏洞、涉及群众切身利益、影响面广关注度高等方面制度机制37条，推动解决一系列涉及干部群众切身利益以及其他影响面大、关注度高的问题，真正做到整改一项任务、建立一项机制、解决一类问题。

【巡察工作】2021年，沈阳海关传达上级巡视巡察工作精神、研究巡视巡察工作9次；党委书记按照"四个亲自"的要求，召开领导小组会议、关长办公会听取巡察工作汇报、研究巡察工作7次，对巡察工作批示8次；其他党委委员坚持"一岗双责"，结合分管领域和部门的职能职责，给予巡察工作相应支持，并督促抓好巡察整改落实。交叉使用常规巡察、专项巡察和巡察"回头看"等方式，全年组织两轮对6个单位部门开展巡察，覆盖率达到78%。

2021年，通过巡察，共发现"三个聚焦"方面问题59个。

修订《沈阳海关党委巡察工作实施细

则》《沈阳海关党委巡察工作领导小组关于规范巡察准备工作的意见》等8项制度。建立关党委委员牵头反馈整改机制，将巡察发现问题向被巡察党组织和相关职能部门反馈，并由相关党委委员牵头督办落实，重点问题纳入机关督办事项。建立整改评估机制，由巡察办牵头对被巡察党组织责任落实、整改质效、成果运用、群众满意度等方面进行评估，重点聚焦履行整改主体责任、反馈问题及意见建议落实、追责问题等情况。建立共性问题通报机制，梳理近年来巡察发现问题，形成132项共性问题清单，要求未被巡察单位部门对照清单"自我体检、对号入座、未巡先改、改深改透"。分别建立巡察与纪检、政工、人事、督审4个部门的联系配合办法，围绕信息共享、沟通协商、成果运用、整改落实各环节，实现同向发力。

动态调整119人组成的巡察干部库，将新提拔的处科级优秀年轻干部纳入干部库。组织122名专兼职巡视巡察干部全员参加全国海关巡视巡察干部专题学习网上培训班，组织巡察干部业务培训，开展座谈交流，撰写的巡视工作调研文章获评海关总署二等奖；2020年有9名参与巡视巡察工作的干部获得表彰奖励；建立巡察干部培养锻炼机制，注重从巡察工作中发现优秀干部，全年共有20余名干部得到提拔。

纪检监察

【监督检查】2021年，沈阳海关围绕统筹疫情防控和经济社会发展，对关区口岸疫情防控、落实安全防护责任防止职业暴露感染等进行监督检查，开展视频监督检查166次，参会监督96次，调阅资料352份，赴现场一线123次，开展个人谈话201人次，制发监督建议书18份，通过谈话、电话等方式进行督促提醒151次，提出意见建议79条，收到反馈44条，并整改落实。

开展全面禁止"洋垃圾"入境等监督检查工作。全面禁止"洋垃圾"入境、打击象牙等濒危物种及其制品走私、打击"水客"走私等监督检查，全年共查看资料743份，谈话了解77人次，发现问题14个，提出建议16条。

组织开展对"一把手"和领导班子监督工作。组织开展对关区各单位、部门落实关于加强对"一把手"和领导班子监督检查工作，全年共谈话157人次，查阅资料1,200份，发现问题15个，提出建议15条。

开展政治生态调研工作。系统分析研判关区全面从严治党、党风廉政建设和反腐败工作现状，全年共谈话了解240人次，发放、收回调查问卷871份，查阅相关文件496个，台账89本，会议记录（要）497篇，谈心谈话记录590份。

开展"现场监管与外勤执法权力寻租"专项整治工作。协助沈阳海关关党委召开动员部署会，推动关区学习传达两级会议精神990人次；制订实施方案，细化27项工作任务、38项具体措施；组织完成个人违规事项申报818人次，研判确定重点关注对象5个、重点岗位53个、廉政风险141项；推动开展纪法教育、警示教育，组织撰写心得体会803份；组织对26家重点企业开展调研，征求意见建议10条，制发监督建议书7份；梳理2012年以来110条问题线索，向6个部门、单位制发监督建议书，推动制定整改措施14项；形成专项整治发现问题清单，制发监督建议书19份，推动制定整改措施133条；发挥牵头抓总作用，制发通知14个、工作提示12个，督促并全部完成自查问题整改清单9项，廉政风险清单141项，实地检查反馈意见整改清单45项，建立完善制度机制88项。

组织开展巡视整改监督工作。印发工作方案，建立监督工作清单，组织召开巡视整改监督工作推进会，对各单位、部门落实巡视整改情况开展监督检查106次，发现问题42个，提出意见建议44项；建立信息共享、派驻纪检组巡视整改监督周报、监督检查3项工作机制。制作《监察室巡视整改任务分解清单》，明确整改措施、办理科室、责任领导及整改期限。定期对整改任务进行督办，跟踪问效，对认领的主办6项（其中一项为长期整改任务）、协办35项任务全部整改完毕。

对落实中央八项规定精神和防止"四风"问题进行监督检查。结合政治生态调研，组织对沈阳海关各部门、单位落实中央八项规定精神情况进行监督检查，查阅"三公经费"报销凭证237个，分析车辆运行数据278笔，测量办公室面积129个，座谈交流20次，谈话了解240人次，发现5个方面13个具体问题，提出建议3条。开展日常监督，会同派驻纪检组查摆各类问题163个，书面提出监督建议意见或报告、提示重大风险13次，制发监督建议书36份，提出工作意见建议157条。

【执纪问责】2021年，沈阳海关党委纪检组坚持从严执纪问责，准确把握"惩、治、防"的辩证统一关系，惩治震慑效应不断彰显，制度笼子不断扎紧，思想觉悟不断提高，切实提升了不敢腐、不能腐、不想腐一体推进的综合效能，扎实推动关区全面从严治党、从严治关向纵深发展。

【以案促改】2021年，沈阳海关对近年发生的10起违纪违法案例分两批在全关通报，结合典型案例，开展自查自纠，用身边事警示教育身边人。落实"谁执法谁普法"普法责任制，紧盯年节假期，守住重要节点，通过开展廉政谈话、发送廉洁微信等形式进行监督提醒，防止发生节日腐败问题。通过对受处分人员进行跟踪回访，了解掌握受处分人员思想动态、工作表现等，深化以案促改。随案制发监督建议书，督促相关单位和部门从职责、制度、机制等方面入手推进以案促治。

【队伍建设】2021年，沈阳海关党委纪检组坚持以习近平新时代中国特色社会主义思想为指导，学习宣传贯彻党的十九届六中全会精神和十九届中央纪委六次全会部署，发挥纪检干部表率作用，制订学习方案，分阶段组织纪检干部集中系统学习党的十九届六中全会精神，召开分组讨论及交流汇报会，全年开展宣讲13人次，撰写心得体会33篇，组织理论学习22次。

开展业务培训，采取线上、线下相结合的方式加强学习培训，组织纪检干部开展为期5天的纪检监察业务集中培训，邀请协作区、省市纪委监委专家、关区业务部门专家和业务骨干授课，集中学习驻署纪检监察组配发专业知识视频；微信群分享公文知识，开展"每周一学"，提高公文写作能力。

制定监督检查清单和明细表,印发监督工作指引,作为各派驻纪检组的工作指南,抽调7个派驻纪检组12名人员参与线索核查、查办案件,通过"以干代训",提升纪法运用和执纪办案能力。

2021年,印发监督执纪涉案财物管理实施细则及问题线索移交程序文件,制定派驻纪检组与驻在单位党委会商通报制度,建立派驻纪检组考核实施办法及电子廉政档案等7项工作制度。

队伍管理

【**机构编制管理**】2021年，沈阳海关针对各事业单位间中高级专业技术岗位紧张、闲置不均的岗位结构矛盾，立足工作性质、人才培养方向差异化需求，组建专项调研组，对所属事业单位开展"一对一"调研，建立完善人员、岗位设置基础台账，"逐人逐岗"精细摸底测算，查阅档案144份，核实信息数据2,160条，做到底数清、情况明、全覆盖；设计搭建事业单位"沙盘"，直观呈现岗位、人员情况，在总署要求框架下，按照"合理配比+同步调整"设计理念，规划岗位设置，逐一优化各事业单位专业技术岗位比例，模拟推演岗位设置20余次，提升岗位适配度，如，将技术中心专业技术岗位比例调整为4.5∶3.8∶1.7，后勤管理中心专业技术岗位比例调整为1∶4.5∶4.5，双向扩充高级技术人才和后勤保障队伍，优化人才发展规划。

按照人岗相适、人事相宜、岗位专业化原则，全部归位长期"混岗"事业编人员，分类安置非中编办批复事业单位所属43人的人事归属关系，占比事业单位人员总数30.94%，做到管理清晰、权责一致。针对中级专业技术岗位不能满足人员聘任难题，同步开展管理岗位选拔任用和专业技术岗位晋升工作，运用管理岗位职数盘活专业技术岗位职数存量，释放各层级上升空间，同时引导"双肩挑"人员选择管理岗位，全员无超聘、无"双肩挑"，形成队伍稳定、留住人才的局面。坚持"专业的人干专业的事"理念，畅通干部交流通道，选配5名公务员到事业单位担任领导班子成员，选拔7名专业技术人员担任管理岗位职务，调整聘任20名具有管理岗任职经历干部为专业技术职务。

下发《中共沈阳海关党委关于明确事业单位干部人事管理权限的通知》，理清权责边界。推进职称评聘，制定职称评审管理办法，组建工程、农业、卫生系列中级职称评审委员会，择优选定专家评审成员，20人取得上一等级职称，33人晋升专业技术岗位，分别占沈阳海关专业技术岗位人员总数的25.32%和41.77%。

【**干部人事管理**】2021年，沈阳海关制定印发《沈阳海关关于激励关区干部职工担当作为、干事创业的实施意见》《沈阳海关容错纠错工作实施办法（试行）》，将"三个区分开来"落实到位，为敢于担当的干部鼓劲撑腰。持续做好领导干部个人有关事项报告工作，采取"一对一指导+双人复核+科技辅助"的方式做好填报审核工作，关区年度不如实报告率同比下降，并连续两年达到总署党委提出的"不高于5%"的目标要求。开展专项整治，部署开展个人违规投资企业及在企业兼（任）职自查清理工作，责令相关人员完成整改。加强日常管理，对各隶属海关人员考勤打卡及因私出国（境）证件管理开展专项检查，对管理不规范事项严格督促整改。开展选人用人检查，对沈阳桃仙机场海关开展选人用人专项检查，指出其在干部选任、干部管理监督工作中存在的不足或问题，提出整改建议并要求及时整改。

【人才队伍建设】2021年，沈阳海关共动议选拔处科级领导干部138名和事业单位七、八级职员12名，关区各级领导班子配备更加健全，整体干部队伍结构更加合理，其中正处级领导干部平均年龄下降2岁、副处级下降3岁、正科级下降4岁。撤销机关部门8个内设科室，增加副科级职数24个。

动议选拔的17名副处级领导干部中，有执法一线科长任职经历的占70.6%；选拔3名执法一线科长担任隶属海关党委委员；开展机关基层双向交流，选派5名35岁左右机关科级领导干部到执法一线岗位锻炼，调整12名执法一线科长任职岗位。

实施专业技术类公务员分类管理改革，推进专业技术类公务员任职资格评定、职级套转、职级晋升。完成76人任职资格评定。组织52人完成专业技术类职级套转，完成48人次专业技术类公务员职级晋升工作；统筹用好职级职数，坚持标准，突出实干、实绩导向，累计晋升职级485人次。

完成事业单位岗位设置和聘任工作。选拔7名专业技术人员担任管理岗位职务，调整聘任20名具有管理岗任职经历干部为专业技术职务，晋升专业技术岗位人员33名。

【教育培训】2021年，沈阳海关分两期完成关区188名处级干部学习贯彻党的十九届五中全会精神暨党史学习教育专题培训。加强同中国海关管理干部学院的协作配合，采取线上与线下相结合的方式，组织开展45名执法一线科长（第二期）培训，制订年度关区教育培训计划，确定63个培训班次。牵头组织完成总署网上专题班、支援机场梯队人员轮训、冷链培训、晋衔培训等班次，邀请上海海关学院教师围绕"海关实训教学设计与引导技巧"为兼职教师进行授课，同时向其他关区推荐本关优秀兼职教师，开展关区兼职教育培训联络员培训，提高教育培训队伍的工作能力和水平。

离退休干部管理

【离退休干部党建工作】2021年，沈阳海关组织老同志学习党史及党建理论知识共计1,500余篇；依托"红色资源"，组织参观中共满洲省委旧址、抗美援朝烈士陵园、"九·一八"历史博物馆等教育体验活动7次；组织6名老干部党支部支委委员参加沈阳海关直属机关第二次代表大会，行使政治权利；结合"我为群众办实事"实践活动，组织老党员开展"关心下一代""助力乡村振兴"志愿服务，推进老干部党史学习教育走深走实的经验材料，被辽宁省委老干部局采用推广。

▲2021年1月，春节走访慰问老同志

规范老干部党组织建设，依托信息化系统建立"1+N"网格式管理模式，将异地居住39名老同志纳入片区管理，实现组织生活全覆盖；规范落实党费收缴、组织关系接收等各项制度；开展老干部党支部书记和党务工作者培训2次，引导支委发挥关键作用，老干部支委委员徐学良被评为沈阳海关优秀党务工作者。

结合党风廉政教育月活动开展线上警示教育2次，制定发放《纪律口袋书》，引导老同志严格遵守公开发表言论、兼职任职、出国（境）审批等方面规定；梳理统计2012年以来退休干部去向58人次，清理整改老干部企业兼职情况5人次。

【离退休干部政治理论学习】2021年，建立"个人自学+集中研讨+测试检验"、线上学习与线下培训相结合的学习模式推进思想政治学习；通过订阅党刊党报、关注微信公众号、参加"三会一课"等方式开展政治理论学习，提高政治觉悟和理论修养。

通过组织"线上+线下"情况通报会、制发《沈阳海关信息简讯》双月刊、召开座谈会等方式向老同志通报党和国家重大决策部署和海关重点业务改革情况，引导老同志建言献策，共召开专题座谈6次、个别访谈10次。

【离退休干部"三化"建设】 2021年，沈阳海关分步推进"智慧银海"平台上线推广，组织7个隶属海关完成11,000余条电子数据前期维护导入，开展系统管理员应用培训，为智能化服务提供大数据支持；推广应用"学习强国""离退休干部工作""鑫海桑榆"等平台，畅通老同志学习渠道；与京东集采平台合作，实现物品采购透明化，福利领取网络化，服务保障便利化。

修订完善《离退休干部党支部工作办法》《离退休人员逝世后丧事办理工作规范》《沈阳海关离退休干部活动中心管理制度》等规章制度；修订完善福利待遇项目标准14项，按规定提高离休人员生活补贴待遇；结合总署直属海关领导班子年度客观考核指标，制定细化考核指标18小项，加强对隶属海关工作指导。

【离退休干部服务保障】 2021年，沈阳海关老干部党支部联合离退办党支部共同深入老同志实际生活，梳理排查高龄、独居、患重病等有特殊困难的老同志，更新维护"个性化"重点帮扶档案24份，给予政策倾斜和重点关注；建立党员定向联系机制，开展结对帮扶，提供跑腿服务33人次。

开展走访慰问84人次、生病慰问8人次、离世慰问7人次；坚持分类施策，开展离休干部"一人一策"关怀服务，解答5名老同志待遇认定历史遗留问题，帮助解决各类生活需求问题160余件。

举办"老年大学兴趣班"分享交流知识技能，修缮"老年活动中心"硬件设施，改善老同志活动环境；倡导文化养老，征集"永远跟党走"诗歌书画摄影作品50余幅，开展"唱支山歌给党听""秋游寄怀"活动，参观"省美术书法摄影优秀作品展""国际先进技术展"，丰富文化生活。

设立先进党员示范岗、组织志愿帮扶，培树发掘先进典型；开展"我为群众办实事"专题调研，建立老同志需求台账，逐项销号，解决难题；加强与省市老干部局沟通交流，学习借鉴先进经验。

【离退休干部发挥作用】 2021年，组织开展"我看建党百年新成就"专题调研，发放调研问卷139份，收集意见建议21条、学习体会20余篇、线上交流心声感言100余条，积极为党和国家事业贡献正能量；开展"我看建党百年新成就"系列活动，共收集主题作品24个，其中2幅书画、4张老照片入选总署"翰墨光影颂百年"云上书画展，展现新时代精神风貌。

"七一"期间，以"分批走访+集中颁发"相结合的方式组织发放"光荣在党50年"纪念章，全体党委委员亲赴11名老党员家中颁授奖章，并邀请7名老党员参加纪念章现场颁发仪式，彰显红色风采；邀请离休老同志录制《为人民海关奉献终身》访谈视频,传递正能量;组织开展"红色讲堂""谈谈我的入党经历"以及海关口述史料抢救征集等活动,讲述革命经历,传承红色基因;与青年关员开展座谈交流,弘扬优良家风。

挖掘老同志先进典型,推选银发人才为乡村学校"送教上门",开展党史宣讲和书画创作示范;选派党员骨干赴沈阳市儿童福利院和铁岭县建设村开展志愿帮扶;邀请离休老党员、老战士温中讲述成长经历,事迹材料被"学习强国"平台采用推广。

第四篇

业务建设

口岸营商环境

【概况】沈阳海关深入贯彻落实习近平总书记关于东北、辽宁的重要讲话和指示批示精神，按照总署的总体部署，紧紧围绕通关便利化和服务外贸高质量发展工作大局，深入推进"放管服"改革，优化营商环境，加快打造便捷高效、公平竞争、稳定透明的口岸营商环境，有效激发市场主体活力，更好地服务对外开放大局，充分发挥新海关职能作用，支持辽宁外贸高质量发展。

【口岸开放与发展】2021年，沈阳海关以锦州港进口镍矿试点开展"船边直提"作业模式，缓解港口外贸堆场的库存压力，货物放行时间由原来的3~4天缩短至2个小时，降低港口物流运输成本。全年，沈阳海关隶属锦州海关办理快速验放63票镍矿，共计112.32万吨。

沈阳海关支持新造集装箱出口，依托沈阳海关物流平台，结合企业端海关监管作业场所软、硬件设备，实现卡口抓取集装箱号比对海关放行指令自动抬杆验放，"生产—运抵—通关—放行—出口"无缝衔接，缓解国际缺箱困境。全年，共监管出口新造集装箱19.43万标箱，货值5.32亿美元，同比分别增长674.85%、1,187.08%。

【口岸通关便利化】2021年3月8日，沈阳海关印发《沈阳海关2021年巩固压缩货物整体通关时间专项工作方案》，明确各相关部门工作职责、工作目标和工作内容。

▲2021年10月，沈阳海关隶属锦州海关关员到企业调研

2021年4月7日，制订《沈阳海关提升跨境贸易便利化水平推动进出口货物整体通关时间"最短化"工作方案》，并组织推动实施。

空运方面，深入推进"提前申报"

"两步申报",对中转联程航班实施"点对点"空中放行;铁运方面,深化"区港直通",强化"口岸联动",协调满洲里海关一体化通关货物查验排队提前;海运方面,实施"'延时、错时'+7×24小时预约通关",支持进口陆海、铁海联运一体化通关,依托"单一窗口"实现海运业务"一站式"服务,落实"两段准入"、先放后检、"船边直提、运抵直装"等便捷措施,解决口岸滞港难题。对接省委省政府营商环境建设工作部署,印发《沈阳海关复制推广借鉴优化口岸营商环境促进跨境贸易便利化改革举措工作方案》等方案;加强与省市营商、商务、市场监管等部门工作联系,协同推进东北振兴"十四五"规划在关区内落地、中国(沈阳)跨境电子商务综合试验区"盛大门"项目运营、锦州港开通国际货运航线等专项工作,推动外贸高质量发展。

2021年12月,沈阳关区进口整体通关时间26.17小时(全国平均32.97小时,下同),较2017年压缩85.82%(全国66.14%),较上年压缩23.68%;出口整体通关时间0.30小时(全国1.23小时),较2017年压缩94.78%(全国89.98%),较上年压缩14.29%。进口通关时间和压缩比在全国42个直属海关同期指标中排名分别进入前20位和前15位;出口排名进入前10位和前20位。

法治建设

【概况】 2021年，沈阳海关深入贯彻习近平法治思想，全面加强党对海关法治建设工作的领导，以高质量法治保障高质量发展。关党委带头学法，邀请法学专家现场讲解"习近平法治思想"，并通过电视电话会议系统扩大至全关区范围进行学习。着力强化制度供给，多次参与《中华人民共和国海关法》修订等海关重大法治活动，全面推动关区业务制度立改废，切实加强公职律师、普法讲师团建设，进一步充实法治人才储备。着力法治服务老工业基地振兴发展，坚持"以人民为中心"打造"普法直播间""奉法V视"特色普法品牌，围绕民法典宣传月、海关法治宣传日、宪法宣传周等特殊时间节点开展主题普法。着力强化复议诉讼法治保障功能，大力践行"枫桥经验"，建立完善沈阳海关特色争议预防机制，推广实施"事前行政指导"和"说理式普法"，积极防范执法风险。

【法治保障】 2021年，沈阳海关充分发挥法治保障作用，落实党政主要负责人作为推进法治建设第一责任人制度，开展党支部书记上法治课活动，制定领导干部任职前法律知识考试实施细则，落实新任处科级领导干部宪法宣誓制度，组织了首次任前法律知识考试，全年共组织7批121名干部参加任前法律知识考试。组织全员通过"钉钉"平台学习《让每一次执法都闪耀着法治的光芒——谈海关一线执法人员如何落实习近平法治思想》课程。深入开展党史学习教育，推动法治实践发展，在党史学习教育中融入法治史内容，同步开展新中国法制史和党内法规学习，保证了党建与法治工作整体部署、协同推进。

关区各单位、各部门积极落实国务院深化"放管服"改革工作要求，就优化口岸营商环境促进跨境贸易便利化改革举措、行政审批制度改革、滥收费等情况进行全面自查，共梳理落实措施3个方面16项，反馈辽宁省政府职能转变和"放管服"改革协调小组办公室，做到摸清底数，不留死角。落实"我为群众办实事"

要求，沈阳海关开展了"送法上门+线上直播"普法宣讲活动，应中储粮辽宁分公司邀请，走进该公司及下属37家单位讲解海关粮食进口政策，现场解答问题，回应企业关切。

关区法治部门强化关区法治审核工作，全年共审核自贸创新举措7项，向总署自贸司出具合法性审查报告3份，其中1条创新举措被总署复制推广；审核关区业务制度16份，提出修改意见18条；审核监委会议题35项、民商事合同466份。为锻炼队伍、规范执法，法治部门先后组织开展《中华人民共和国行政处罚法》培训、线上观摩庭审以及10期微课堂活动。

【法规管理】2021年，沈阳海关先后组织承办了总署政法司《中华人民共和国海关报关单位注册登记管理规定》修改集中工作、《中华人民共和国海关法》修订现场专题调研等重大立法活动。

沈阳海关被推选为直属海关权责清单编制试点单位，印发《沈阳海关权责清单编制工作方案》，成立关长任组长的专项工作领导小组和工作专班，完成海关"行政强制"部分的17项权责清单编制工作，并按照总署试点工作组内分工，完成对"行政检查""行政处罚""行政征收"部分的权责清单的审核。

沈阳海关派员参与总署清理行政法规和规章中不合理罚款专项工作，梳理海关执法涉及的行政法规和规章107类，对22项不合理罚款事项提出清理意见，被总署采用；按照《"十四五"海关法治建设规划》，组织对24部规章及行政解释开展立法后评估工作。全年共参与总署规章修订7项，提出修改意见和建议21条，其中4个项目中的5条修改建议被总署吸纳。

【法制协调和法治宣传】2021年，沈阳海关落实"八五"普法规划要求，制订了关区年度普法计划，发布《沈阳海关普法责任清单》，进一步明确关区各单位、各部门的普法责任和各项工作本身的法治属性，在各项执法活动和处理各类行政争议过程中开展"嵌入式"普法；开展《中华人民共和国行政处罚法》《中华人民共和国生物安全法》《中华人民共和国数据安全法》等8期专题普法培训，全关共2,672人次参训。

▲2021年3月，沈阳海关开展法律服务志愿活动

组建沈阳海关普法讲师团，通过线上试讲的方式，选拔24名政治坚定、熟悉法

律、精通业务的普法讲师，并根据每位讲师的年终"成绩单"，实行三级分级管理和退出机制。借助12360海关热线、海关信用管理平台，广泛搜集人民群众关心的海关政策热点、难点，开展"点菜式"定制普法，为群众办实事、解难题。采取"直播间+微视频"的形式，通过"钉钉""小鹅通"平台同步开展对内执法培训和对外普法宣讲，结合宪法宣传周、海关法治宣传日、民法典宣传月、食品安全宣传周等重要时间节点，以及《中华人民共和国行政处罚法》修订实施等重大法律事件开展主题普法宣传活动活动。全年，沈阳海关通过"沈阳海关普法直播间"对内对外开展普法直播17期，发布"奉法V视"品牌普法微视频4部，累计693家企业13,000余人次参加，"学习强国"、"海关发布"、《辽宁日报》、12360海关热线等媒体进行了报道。

在"8·8"海关法治宣传日活动期间，沈阳海关连续开展了5场大型专题直播普法活动，打破了原先以海关业务线条为单元授课的模式，换之以企业类型或具体问题开展"定制式普法"，把关税、企管、监管、综合等部门的讲师组织在一起，围绕特定的主题共同研发普法课程，一站式解决同一类型企业的相关问题。

在"12·4"国家宪法宣传周活动期间，通过沈阳海关"小鹅通"账号、沈阳海关12360服务热线等对外服务公众平台，开展"海关与新时代"展播活动，发布"沈阳海关普法直播间"精品课程小视频。充分发挥海关新媒体矩阵的普法作用，借助网络传播优势，精准推送法治资讯、营造网上法治宣传声势，丰富的网上普法活动，增强法治宣传教育的吸引力和感染力。

【复议应诉】2021年，沈阳海关共审结复议案件2起，参加民事诉讼案件1起，1人入选全国海关优秀公职律师。学习"枫桥经验"，初步建立起富有关区特色的行政争议预防机制，实施"事前行政指导"和"说理式普法"机制，制发沈阳海关法律建议书5期，指导相关部门就行政诉讼、缴纳关税、执行救济、劳动争议等多发案件中掌控法律风险，规范执法行为，维护海关权益。

沈阳海关法治部门参与关区涉案线索业务风险联合研判，对5个隶属关的9起案件风险进行研判，指导相关隶属海关做好证据固定、法律适用等工作，为统一关区执法标准，规范执法行为提出指导意见。法治部门全流程参与华晨汽车集团等12家企业破产重整期间的海关债权申报；参加债权人会议，并为相关方案表决提供法律支持；认真审查重整计划草案，保证按照工作预案，将海关债权足额入库。法治部门积极发挥职能作用，提前介入并指导相关隶属海关处置2家申请破产重整企业的债权申报工作，积极跟进破产重整案件进程，主动与法院、管理人团队沟通，及时申报海关债权并参加债权人会议主张权利，督促企业办结海关手续，确保海关税款不流失，监管有保障，尽力帮助企业尽快走上良性发展轨道。

充分发挥复议诉讼案件对基层执法的反哺作用，沈阳海关通过对2起行政复议案件的有效办理，规范执法行为，总结分析关区行政复议诉讼案件反映出的共性执法问题，进一步培树法治思维，从源头上减少行政争议发生。积极参与海关第七行政诉讼协作区轮值工作，推动行政复议诉讼案件跨关区交流，印发《海关第七行政应诉协作区工作专报》1期。

业务改革与发展

【概况】 沈阳海关持续推进全面深化业务改革，坚持系统观念、辩证思维、创新意识和钉钉子精神，由聚焦通关环节和流程的全国通关一体化拓展到海关全业务领域高质量一体化，把加强改革系统集成、推动改革落地见效摆在更加突出的位置

【业务改革协调】 持续扩大"区港直通"改革试点，缓解海关监管场地资源紧张压力，支持中欧班列业务拓展。在锦州、铁岭海关实施进口大豆附条件提离，进一步推动"两段准入"监管改革落实落细，破解通关难题。印发《沈阳海关推进业务协调联动专项工作实施方案》《沈阳海关关于进一步做好沈阳海关改革问题收集反馈工作的通知》《沈阳海关关于支持徐大堡核电站项目建设工作方案》，报送《沈阳海关关于推进完善"统一指令下达"有关工作的调研报告》，相关工作得到总署综合业务司通报表扬。

开展"中心—现场运行模式下，现场解决执行难点问题的事例和经验"调研。编发《沈阳海关行政执法检查事项"双随机、一公开"监管工作指引汇编》。以行政检查随机抽查事项清单及管理要求为抓手，设定"双随机、一公开"工作开展情况监控指标实行定期管理，加强行政检查"双随机、一公开"工作标准化、规范化建设。调整更新《沈阳海关行政执法检查事项"双随机、一公开"监管工作指引汇编》。调整"双随机、一公开"实施细则及海关行政检查随机抽查事项清单，推进落实"双随机、一公开"监管工作。

修订印发《沈阳海关业务运行监控办法》，业务运行监控平台同HB2012互联互通，实现关区业务运行情况全景展示及"问题—处置—反馈"监控分析功能。新增"拟注销企业通关情况查询小工具""综合业务岗报关单未处置超时预警"两项数据查询功能插件，通过从总署订阅数据池的直接应用，实现平台数据自动抓取零的突破。

与沈阳市发改委相关负责人员就创建国家中欧班列（沈阳）集结中心开展座谈。积极促进中欧班列（沈阳）运行提质增效，设置"中欧班列绿色通道"，优先办理中欧

班列业务，推行"'延时、错时'+7×24小时预约通关"，实施"优先申报、优先实施查验、优先放行"提高通关效率，允许企业自主选择通关模式，减少报关次数降低报关成本；设立中欧班列联络员，建立现场海关与铁路公司、中欧班列运营商、报关企业的沟通协调机制，及时解决班列运行出现的问题；将卡口识别功能由以车辆为单元变更为以集装箱为单元，实现多车核放及集装箱数据自动识别；深入推进中欧班列"区港直通"改革，实施"一次运抵、一次申报、一次装卸、一次验放"，破解中欧班列装载节点与自由贸易试验区、综合保税区物理区位隔离的发展瓶颈，相关报告也得到了省委书记张国清的肯定批示。2021年，关区申报监管中欧班列405列、标准集装箱55,205箱次，同比分别增加20.5%和56.8%，开行列数位列东北第一。

【通关运行管理】持续优化通关流程，创新监管模式，落实落细"提前申报""两步申报""两段准入""先放行后改单""先放后检""先声明后验证"等海关改革举措，充分释放改革红利。对浑南海关受理申报权限进行调整，浑南海关不再受理报关单申报业务。下发《沈阳海关关于切换H2018新一代海关通关管理系统3.0版的通知》，保留辽中海关作为应急现场，其余现场海关全部切换H2018新一代通关管理系统3.0版本。总署综合业务司、统计分析司下发关于进一步做好未结关报关单数据清理工作的通知。根据前期各现场海关自查整改结果，结合对重点海关现场调研情况，于6月2日下发关于加强报关单结关管理有关工作的通知，对报关单结关管理工作进行统筹部署，完成超期未结关报关单的清理处置工作。

按照总署关于进一步加强特殊通道报关单管理的通知要求，完成报关单特殊通道申报管理职能交接。根据总署综合业务司、风险管理司、口岸监管司、科技发展司关于推广应用检查异常处置功能模块的通知要求，制发综合业务处关于开展查验异常处置功能模块试点的工作联系单，在辽中海关开展查验异常处置功能模块试点工作。

【贸易管制与技术规范】完善工作制度，建立进出口货物禁限管理证件事后核查机制、完善签证质量核查机制等长效机制。通过海廉系统监控关区禁限管理工作开展情况，将监管证件联网核查日常监控纳入通关月报，定期监控海廉系统许可证核销数据，下发数据，及时整改。开展关于禁限管理工作的调研，形成调研报告2篇，分别是《沈阳海关禁限管理工作书面调研报告》《沈阳海关关于濒危物种禁限管理工作调研有关情况的报告》。

起草的2项SN标准《入境环保用微生物菌剂检测方法 第18部分：短短芽孢杆菌》（SN/T 4624.18—2021）、《入境环保用微生物菌剂检测方法 第20部分：泛养副球菌》（SN/T 4624.20—2021）正式发布，于2022年1月1日起正式实施。

【知识产权海关保护】加强组织规划。开展"知识产权海关保护专项行动""寄递渠道知识产权保护专项执法行动"，印发行动方案，做好全年工作部署。于4月份开展"知识产权保护专项行动月"，开展侵权货物打击、执法能力提升、重点企业培塑、执法协作、知识产权海关保护宣传等活动，加大对侵犯知识产权行为打击力度，营造保护知识产权的良好氛围。

2021年，沈阳海关共查获侵权货物/物品1,646批次、7,538件，批次同比增长24.7%，数量同比增长141.6%。办结知识产权行政处罚案件2起，扣留货物333件，涉案金额1.56万元。

加大风险分析。同相关职能部门开展涉及知识产权保护的联合研判，聚焦中欧班列、敏感国家货运包机等侵权高发渠道，针对高风险企业、重点敏感商品等加载布控规则；加强对各个渠道侵权行为的打击力度；加强现场指导，通过电话、实地调研，座谈等方式，为现场查验人员提供侵权商品辨别、案件处理等专业指导。

强化协同保护。实施"一企一策"服务措施，持续培育知识产权优势企业，创新监管执法方式，依法保护各类市场主体知识产权和合法权益，助力国内企业"走出去"。加大关际、部门间执法合作力度，加强执法信息交换和共享，进一步提升执法水平。

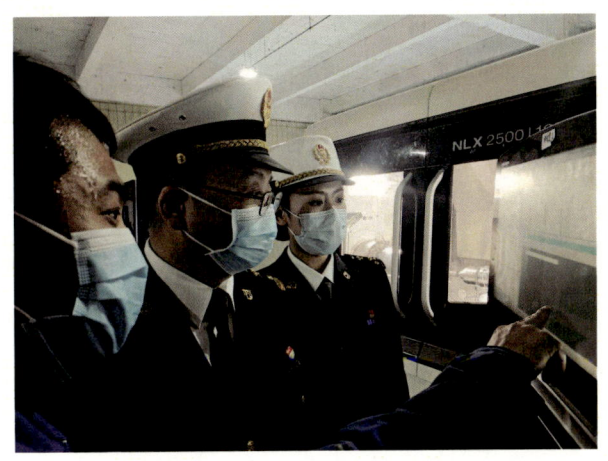

▲2021年12月，沈阳海关关员宣讲知识产权保护政策

特殊监管区域管理

【制度创新】2021年，沈阳海关利用自由贸易试验区先行先试的政策优势，支持跨境电子商务综合试验区健康发展，推广跨境电商B2B出口模式，推动零售进口退货中心仓建设。首创"原油和石油产品岸罐重、数量计算自动化"通过总署备案，缩短检验时长、提高通关效率、加快岸罐周转使用率及港口作业速度，实现科技赋能。自主开发应用进口冷链食品疫情防疫信息采集新模式，实现进口冷链食品货物监管全覆盖、流程可追溯。

2021年，沈阳海关研究《中国（辽宁）自由贸易试验区沈阳片区三年行动计划（2021—2023）征求意见稿》中涉及海关工作的内容，形成修改建议并向中国（辽宁）自由贸易试验区（沈阳片区）反馈。参加省自贸办组织的中国（辽宁）自由贸易试验区制度创新案例解读研讨和实地调研，提出创新案例相关意见建议。"中欧班列'区港直通'管理新模式""出境原产地证书'信用监管'签证模式""沈阳片区跨境电商保税展示新模式""中欧班列集货中心'无人机+监管'模式创新""自贸试验区沈阳片区对外贸易公共检测平台"5项创新举措被纳入《辽宁自贸试验区省内借鉴推广制度创新案例》之中，实现企业降本增效。

2021年，沈阳海关按照《复制推广自贸试验区改革创新经验2021年度工作方案》要求，梳理复制推广"三张清单"中的落实措施，推进"我为群众办实事"活动，结合关区实际有效推进自由贸易试验区改革试点经验复制推广，推进"跨境电商零售进口退货中心仓模式""货物贸易'一保多用'管理模式""国际航行船舶进出境通关全流程'一单多报'"3项改革试点经验在关区落地实施。

【特殊监管区域】2021年，沈阳海关推动沈阳市启动综合保税区规划调整，目前正处于由市政府向省政府报送阶段。开展综合保税区发展专题评估，研究沈阳综合保税区的发展现状及问题，提出推动沈阳综合保税区高质量发展相关建议，撰写相关发展分析报告5篇，其中2篇向省、市报送后分别得到省委书记、市委书记等主要领导肯定并批示，并将其作为政府相关部门重点推进工作。

2021年，沈阳海关印发《沈阳海关优化综合保税区海关监管实施方案》，成立工作专班，细化主要任务13项，召开专题工作推进会3次，推进方案主要任务落地实施。联合企管处和辽中海关量身定制"银关保"担保模式，促成东北地区首笔"艺术品保税展示"业务落地，为企业节省担保成本95%以上。逐一解答、解决沈阳海关企业座谈会中涉及自由贸易试验区和特殊监管区域的6个问题，解决企业发展难题。利用"线上+线下"多种渠道，开展支持综合保税区发展政策宣讲10余次，惠及企业150余家，实现区内企业全覆盖、区外重点企业覆盖最大化。2021年，沈阳综合保税区进出口总值104.9亿元，同比增长435.2%。

2021年，沈阳海关推进关区保税物流中心（B型）发展。落实"谁执法谁普法"普法责任，年内开展5次《中华人民共和国海关对保税物流中心（B型）的暂行管理办法》普法宣传活动。开展政策宣讲，多次对关区有保税物流中心（B型）设立意向的地方政府进行政策解读，协助各地开展中心设立指标评估；进行"中心内开展粮食加工""保税混矿""在保税物流中心（B型）基础上设立综合保税区"等相关问题的可行性研究，引导地方政府和企业用好保税物流中心政策。

【沈阳海关创新"银关保"政策助力东北地区首次艺术品保税展示交易业务开展】沈阳海关以艺术品保税展示新业态为重点服务对象，量身定制"银关保"担保模式，对接抚顺银行与中国人民保险集团股份有限公司，以保险公司向银行提供企业增信担保方式，实行"一次担保，多次循环使用"，采取"一企一策""专人对接"的模式开展"一对一"政策解读，引导企业用足用好综合保税区及保税展示交易相关政策，及时解答参展艺术品海关监管疑问，为企业大幅降低运营成本。在中国比利时友好建交50周年之际，东北地区首批"保税展示交易"的104件比利时艺术家达高斯版画作品于2021年10月16日在沈阳万豪酒店的艺术品展示交易大厅开展。

风险管理

【风险信息】 2021年，沈阳海关共发布风险信息240条，其中动态180条、业务分析18条、查发情事8条、案例分析2条、外部信息30条、其他信息2条；上报总署信息108条。关区共发布预警59条，涉及范围有各类传播疫情及病毒、固体废物、侵权商品、冷光烟花、毒品走私、水产品、重点敏感地区、印刷品、濒危动植物及其制品、食品、精神类药物、外来物种等方面。上报的进口糖类和香烟的风险预警被总署采纳并发布全国。

【风险预警评估】 2021年，沈阳海关对布控查验指令进行日常监控、定期评估模式，每月评估绩效指标并与相关科室进行通报3次，发现相关异动并实施指令调整，上报总署《货运风险布控规则运行情况评估报告》4篇，反馈布控指令核查共4次。根据总署考核要求及关区业务特点，设立布控规则查获情况预警指标，每月对预警指标进行监控评估。牵头全国两级风控部门开展风险管理司课题"海关风险管理差异化绩效评估方法研究"相关工作。《2021年直属海关风险管理绩效考核指标》已由总署发布全国；相关论文《海关风险管理差异化绩效评估方法研究》获总署风险管理高质量发展征文二等奖。

【风险分析处置】 2021年，沈阳海关制发专项稽查指令已结案31个，核查指令结案18个。后续稽核查移交缉私部门案件中符合行政涉税案件得分标准的案件为13起，其中行政案件12起、刑事案件1起。

沈阳海关调整风险防控分局疫情防控分析专班工作流程，监控每周航班情况；依托联防联控机制，对疾控中心反馈的境外输入新冠病毒阳性旅客的密切接触者进行精准布控，并将相关信息上报总署风险管理司，针对亚洲其他疫情严重国家加载布控指令11条。严防黄热、埃博拉、沙拉热、中东呼吸综合征等其他疫情输入，对源自总署通报疫情国家的人员实施布控。落实总署防控疫苗非法出境相关规定，在贸易和邮递、快件、电商渠道加载布控指令，共发布疫情防控风险预警2篇、风险信息1篇。

沈阳海关开展打击象牙等濒危物种及其制品工作。根据进出口实际情况、风险信息等因素开展分析研判，在非贸渠道（包括邮递、快件、跨境电商）实施全面布控。发布风险信息，提请现场关注相关风险。发布风险信息2条。根据历史查发情况和全国查发情况，维护风险参数。邮递渠道查获象牙等濒危物种及其制品54批次。

开展打击"水客"走私工作。按照总署风险管理司统一要求，分析沈阳海关"水客"风险态势，撰写《沈阳海关"水客"风险分析报告》；摸底关区水客治理情况，完成并反馈总署关于沈阳关区《"水客"走私防控策略与风险治理研究书面调研反馈表》。整理2018—2020年查获数据，根据不同类型，建立高风险旅客名单库；加强对高风险旅客和短期多次往返旅检的监管；加强与沈阳邮局海关和沈阳海关缉私局合作，对在邮递渠道的新型"蚂蚁搬家式"走私方式提供数据支持。

开展知识产权风险防控工作。梳理汇总2020年全国海关公开的侵犯知识产权相关案例，结合沈阳海关进出口特点，开展风险分析，撰写完善《侵犯知识产权商品风险分析报告》，同时以反向通报内容为基础，开展精准分析及布控。针对货运包机、中欧班列等运输方式，组织开展分析研判。对内加强同综合业务处的联系配合，外部同市场监管部门签订联合防控机制，通过加强内外合作，深入推进信息共享、监管互助，延伸打击侵权触角，实现对侵权行为的全链条打击。

开展固体废物风险防控工作。梳理汇总2020年全国海关公开的涉及固体废物的相关案例，围绕高风险源头路线、商品、原产地等风险要素，开展固体废物风险态势画像，撰写《沈阳海关固体废物风险防控专项分析报告》；结合全国海关固体废物查发典型案例汇编，充实并完善"洋垃圾"影子商品库。针对"再生"类商品进行分析，撰写风险分析报告，协同企业管理和稽查处对一家企业发起专项稽查。开展工业残渣风险分析工作，持续关注总署风险管理司相关预警信息，继续加强对硫铁矿渣、铜矿渣和废煤焦油等商品的分析力度，撰写《进口煤焦油涉嫌固体废物风险应予关注》。对某企业进口旧机电产品违规情事，同综合业务处、商品检验处、企业管理和稽查处开展联合研判，并下达专项稽查指令。

开展特殊物品风险防控工作。组织召开新冠病毒疫苗出口风险防控专题会，研究落实措施，安排部署下一步工作。结合新冠病毒疫苗物品属性、运输要求、保存条件等要素，开展风险分析研判，探讨防控建议，拟定防控措施，加载布控指令1条。收集境外有关疫苗信息，强化新冠病毒疫苗出境和申报风险监测，发布风险预警信息1条。利用风险防控协同机制，强化协同配合，动态优化重点特殊物品防控措施。协助总署风险管理司对某企业出口特殊物品申报监管级别进行核实，经研判及核实后，确认企业申报无问题。

【大数据应用】 2021年，沈阳海关完成大数据应用平台关区推广工作。在"云擎"关区推广过程中，发布全国平台级应用6个，更新"云擎"应用模型，涉及风险防控、商品检验、企业管理、税收、缉私等多领域，累计使用近500次。利用"云擎"平台强化风险业务数据监测、关注风险态势变化、重点评估绩效指标完成情况，根据总署公布的监测指标目录，沈阳海关报送的指标，被采用占比排名居全国海关首位。

【口岸风险联合防控】 2020年，沈阳海关同辽宁省卫生健康委员会等9个单位部门签订《辽宁省口岸安全风险联合防控机制》。2021年，沈阳海关与农业农村厅等12单位部门征求开展联合防控工作意见。

沈阳海关就某企业低报价格进口商品情事开展执法互助，与辽宁省国税部门就联系配合、数据交换、信息共享等事宜达成共识。

关税征管

【税则税政】2021年，沈阳海关印发《沈阳海关推动"十四五"期间进口税收优惠政策落地执行工作方案》，以"广泛宣讲+专项辅导"双管齐下的模式，鼓励辽宁省更多企事业单位享受优惠。对"徐大堡核电项目"、高校、医院及重点航材企业开展调研，推动政策落地实施。

全年，共办理投资总额5,000万元及以上内资鼓励类项目条目确认7份，投资总额43.04亿元。共审批新增鼓励项目备案项目13个，用汇额度2.73亿美元。同期，关区共审批"进出口货物征免税通知书"535份，同比下降68.36%。审批减免税货值1.22亿美元，同比下降67.19%；审批减免税款9,147.25万元，同比下降64.53%。实际减免税货值1.07亿美元，同比下降65.56%；实际减免税款8,024.52万元，同比下降63.53%。

开展税政调研工作，上报相关建议59项，其中18项建议进入一般性行业调研，是2020年的4.5倍，涉及集成电路及装备制造、生物医药、医疗器械、农产品、消费品和汽车等行业，4项内容被国务院关税税则委员会采纳实施。其中，2022年"钠基膨润土"进口关税税率由3%降低至1%，"松子仁"进口关税税率由25%和24%降低至10%，蘑菇及块菌、葡萄柚及柚的税目调整建议在《中华人民共和国进出口税则》（2022年版）中实施。全年向总署报送减免税建议93条，其中16条被相关部委采纳实施；参与进口税收优惠政策研究，完成总署3项减免税研究课题，涉及集成电路装备制造、数控机床等产业，助力关区相关产业健康稳步发展。

【估价管理】2021年，以公式定价为核心的延续性征税仍旧保持核心地位，占比近九成；估价技术补税较2020年同期实现了有效突破，同比增长98.25%。

协同总署税收征管局开展进口煤炭滞期费估价补税，依托总署税收征管局后续验估指令对内销原油实施专项审价。全年，共向总署税收征税管局上报价格风险参数指令模型建议17条。

【税收征管】2021年，入库税收201.62亿元，同比增长24.69%。其中，关税41.98亿元，同比增长12.97%；进口环节税 159.64 亿元，同比增长 28.18%。

▲2021 年 11 月，沈阳海关隶属沈抚新区海关关员在企业调研

全年，一般贸易税收 186.34 亿元，同比增长 25.55%，占同期税收总额的 94.35%；传统税源商品机动车辆用零部件及大宗商品铜精矿、非种用黄大豆进口数量稳中有升，拉动应税商品数量指数高达 110.6%，税款增收 16.41 亿元。

全年，汇总征税 115.62 亿元，同比增长 2.38%，税收占比 56%，同比下降 12 个百分点；汇总征税报关单 16,950 票，同比增长 38.02%；汇总征税涉及经营单位 55 家，同比增加 19 家；电子支付 186.34 亿元，占全部入库税收的 92.4%，比 2020 年增长 9.57 个百分点，电子支付税单 36,419 票，占全部税单的 97.51%，比 2020 年增长 5.08 个百分点。全年，接受自报自缴报关单 19,717 票，同比增长 13.2%，税款总计 20.02 亿元，同比下降 48.39%。全年，共开具进境个人邮递物品税款缴纳证 6.88 万票，征收税款 1,192.66 万元。旅检现场开具税单 199 票，同比增长 16.4%，征收税款 52 万元，同比下降 15%；快件渠道开区税单 55,809 票，同比下降 85%，征收税款 55.3 万元，同比下降 79.4%，开出税款缴纳证 124,855 份。

【原产地管理】2021 年，共签发出境原产地证书 20,389 份，签证金额逾 16.44 亿美元，可为企业直接减免进口国关税 493.2 万美元。推广对外贸易经营者备案与原产地企业备案"两证合一"改革工作、原产地证书自助打印、智能审核等原产地签证管理新模式。

为辽宁省商务厅、沈阳市商务局、对外贸易促进委员会沈阳分会、辽宁省机电产品进出口企业联合会、沈阳报关协会等部门开展 RCEP 专项业务培训授课 7 次，累计培训企业 1,000 余家、1,200 人次。将落实"十四五"期间税收优惠政策作为服务地方经济发展、促进老工业基地振兴的重要举措。

成立专项工作小组，根据华晨宝马 BMW iX3 电动车出口泰国、马来西亚、瑞士及澳大利亚签证需求，组织开展业务研判、预审调查，解答企业疑问，为华晨宝马签发首份出境优惠原产地证书，提供出口目的国的自贸协定相关优惠政策及原产地规则。为华晨宝马汽车有限公司 592 台新能源汽车出具原产地证书 465 份，货值 1.9 亿元，可享惠 3,595 万元。

卫生检疫

【检疫管理】 2021年，沈阳海关按照总署党委部署要求，组织制发、更新疫情防控相关方案、预案共计10余项，印发疫情防控相关通知20余件。根据紧盯国际疫情形势、新冠病毒变异等情况，开展分析研判，重点关注日本、韩国、印度等周边国家（地区）和与关区直航的国家（地区）的疫情发展趋势，在综合业务数据平台发布预警，加强对重点国家（地区）入境航空器、船舶等交通工具和人员的布控、检疫、排查。全年，共查验出入境飞机1,016架次，查验出入境船舶737艘次。

沈阳海关开展"筑牢口岸检疫防线、守护国门生物安全"系列宣传活动。印发出境疫苗监管工作流程指引，成立专项工作组，开展企业风险评估，开通检疫审批专用通道，向企业提供"一对一"指导，出境疫苗即到即核、即查即放。全年，共计完成审批164批次，完成出口新冠病毒疫苗审批3批次，与中国检验检疫科学研究院签订风险评估协议，并完成风险评估工作1次。

沈阳海关组织各部门联合完成沈阳空港口岸复核材料准备、直属关审核、汇总报送、远程无预案桌面推演等工作。建设并运用沈阳海关实训中心，全年共开展卫生检疫各类业务培训考核33场次、871人次。

服务地方生物医药产业发展。主动优化入出境特殊物品卫生检疫流程，建立关企联络员制度，围绕企业关切的重点、难点、热点问题，提供海关政策解读，解决企业在生产研发和高校科研过程的堵点、痛点。全年累计卫生检疫审批154批次特殊物品进出口，推动沈阳生物医药企业继续开拓新的海外市场，提升产品在国际市场的占有率。

开展线上线下业务培训交流。组织各隶属海关及保健中心人员完成2021年卫生检疫岗位资质教学计划；成立沈阳海关卫生检疫业务讲师团，邀请一线经验丰富关员，通过经验分享和交流研讨，提升关区总体卫生检疫技能运用水平。

开展沈阳海关口岸疫情防控职业暴露应急处置演练，同步加强一线业务指导，督促各口岸单位及保健中心开展常规化的突发事件应急处置演练活动，提升突发事件应急处理能力。

【疾病监测】2021年，沈阳海关针对保健中心资质审查、依法执业、相关制度执行、责任事故及群众投诉举报等方面开展风险隐患排查，指导保健中心依法依规开展工作。

完成沈阳保健中心机场实验室、移动P2实验室、生物安全备案和临床基因扩增技术审核，除新冠病毒外，其他实时荧光检测项目已扩展至33项，并为口岸及实验室增配荧光定量PCR仪、卫检智能查验仪、新冠肺炎疫情防控防护物资、新冠病毒检测用试剂耗材、口岸常见传染病快速检测箱、口岸常见传染病快速检测试剂等设施设备。

全年，共检疫查验出入境人员91,381人次，其中在入境人员中检出疟疾、肺结核、病毒性肝炎、登革热等新冠肺炎以外其他传染病30例。

同沈阳市卫健委等部门协作配合，在风险研判、人员转运、采样检测、后续处置等重点环节紧密对接，确保入境人员闭环管理；巩固"海关—地方联合采样结果互认"机制，开展实验室间比对试验；依托地方检测能力，对阳性样本开展全基因组测序。

【卫生监督】2021年，沈阳海关开展食品安全抽检实验室检测223批次，检出4件餐饮具不合格，合格率为98.2%，开展现场快速检测234次，合格率100%；开展口岸饮用水监督43次，抽检样品62份，合格率为97.4%；开展公共场所环境监测20次，取得数据200项，未发现不合格。

压缩"口岸卫生许可证核发"审批时限，共发放口岸卫生许可证48份，平均审批时限为6个工作日；对自由贸易试验区内部分公共场所实施"审批改备案"改革，受理2份自由贸易试验内公共场所（书店）的备案申请，实施备案管理。

开展病媒生物监测108次，捕获各类病媒生物778只，截获输入性病媒生物25只，在2只小家鼠中检出汉坦病毒阳性，指导口岸运营单位做好口岸区域病媒生物控制。

制订《沈阳海关进口高风险非冷链集装箱货物口岸环节新冠病毒检测和预防性消毒工作实施方案》，建立采样人员职业暴露应急处置预案、货物检出新冠病毒阳性应急处置预案、现场固体污染物撒漏应急处置预案，以及样本溢撒、外漏、溅出应急处置预案。全年，共对进口高风险非冷链集装箱货物开展核酸检测469批次，采集新冠病毒核酸样本9,385份；对进口高风险非冷链集装箱货物678批次开展预防性消毒监督；对9批次、18个进境空集装器开展新冠病毒核酸检测及预防性消毒监督。

【完成世界卫生组织对中国首场消除疟疾认证评估工作】2021年5月10日，辽宁省作为世界卫生组织对中国消除疟疾认证评估的首个省份，以视频连线形式接受世界卫生组织的独立评估组评估，沈阳海关妥善细致地回答了世界卫生组织专家提出的涉及海关工作职责、口岸健康宣教、归国人员检疫查验等内容的3项问题，注重结合工作实际，突出了沈阳海关近年在疟疾防控工作方面的亮点和成效，得到了世界卫生组织专家、地方政府的充分肯定。

动植物检疫和食品安全监管

【进出境动物检疫】2021年，沈阳海关印发关于进一步加强高致病性禽流感疫情防控工作和关于进一步加强非洲猪瘟等重大动物疫情防控工作的相关通知等重大动物疫情工作文件以及《沈阳海关进出境动物检疫人员安全防护作业指导书》等4个动检领域作业指导书，指导关区动物疫情防控工作依规开展。

▲2021年3月，沈阳海关关员开展禽白血病采样

利用综合业务管理平台，发布防止重大动物疫情传入的警示信息25条，要求各隶属海关提高疫情防控意识，层层压实责任，防止疫情交织叠加；印发关于进一步加强动植物疫情和食品安全信息工作的相关通知，召开沈阳海关动植物疫情信息工作会议，向总署上报信息，并被采用刊发动物疫情信息83条；组织编写《沈阳海关动植物检疫和食品安全信息动态》6期，重点涵盖主要贸易国家（地区）和品种的动物疫情信息，为关区相关工作提供理论支撑，形成实时监测、提前预警、针对检疫的闭环体系。

全年，沈阳海关安全风险监控工作共取样90个、监测项目1,152项次。其中，监控不合格样品6个、不合格项目6项次，涉及产品包括出境水生动物和出境饲料。对检出不合格项目进行国内外标准分析比对、查找不合格原因，对不合格项目开展靶向跟踪检测。

全年，沈阳海关共办理动物及动物产品检疫审批事项241项次。在锦州医科大学申请进口实验用模式果蝇检疫审批的工作中，发挥职能作用，获得锦州医科大学正式书面感谢。

发挥"互联网+海关"作用，压缩审批时限，推行进出口企业注册、备案、变更等全流程网上办理，简化手续，做到

"少接触""不接触""零等待",全年共办理企业出册登记10项次。

为沈阳某制药企业解决进口去纤维蛋白小牛血原料缺乏问题,并向总署上报,总署动植物检疫司对沈阳海关的举措给予高度认可,将此事作为总署动植物检疫司"为民办实事"的重点工作,该企业进口100吨小牛血的进境动植物检疫许可证已正式获批。

年内,沈阳海关推进阜新进境种猪隔离场申报工作,指导隶属阜新海关对整改项目进行跟踪检查、制订检疫工作方案,做好关区首批进境大中动物的隔离检疫准备工作;完成对3家进境种禽隔离场的考核工作。

【进出境植物检疫】2021年,沈阳海关制发《沈阳海关关于认真落实进一步加强外来物种入侵防控工作方案的通知》《沈阳海关关于持续加强外来入侵物种口岸防控工作的通知》《沈阳海关关于进一步加强松材线虫病疫情防控的通知》,成立沈阳海关外来入侵物种防控技术工作组,做好红火蚁、沙漠蝗、松材线虫病等重大外来物种入侵口岸防控工作。

开展相关国家植物疫情收集、编译和评估上报工作,被总署采用刊发植物疫情信息56条。

全年,非贸渠道截获外来物种94种次,其中旅检渠道截获37种次、邮检渠道截获57种次。

开展"国门绿盾2021"行动,全年共截获外来物种和种子苗木94批次。

开展关区国门生物安全监测回顾性效果评价,全年国门生物安全监测累计监测到检疫性昆虫、杂草等检疫性有害生物6种。

▲2021年7月,沈阳海关隶属辽宁朝阳海关关员对进口百合种球隔离种植情况开展检查

2020年11月—2021年10月,沈阳海关各隶属海关安全风险监控工作共取样85个、监控项目932项次,其中监控不合格样品7个、不合格项目8项次,涉及产品包括出境水生动物和出境饲料。

推广应用智能监测、查验、抽采样、检疫处理以及有害生物远程鉴定等先进技术和装备,提高设施设备使用率,2021年沈阳海关"进出境动植物检疫能力提升工程项目"涉及沈阳海关所辖4个单位,具体设备23台/套。

完成2021年上半年动植物检疫和食品安全岗位资质考核、认定和备案工作,新增动植物检疫现场查验资质人员12人。举办关区动植食岗位人员法律责任解析、动植物检疫处理业务监督管理培训，组织参加总署致死粒线虫检测、国门生物安全监测、植物及植物产品现场查验技术培训。

组织开展"4·15"国家安全教育日系列宣传活动，组织开展国门生物安全标本展、进境粮食检验检疫及后续监管政策解读、动植物检疫处理业务监督管理培训等系列宣传培训。

推进进境粮食"两段准入"改革，与大连海关联合制发进境粮食跨关区附条件提离监管工作实施方案，落实总署保障粮食安全工作要求和进境粮食"两段准入"附条件提离改革措施，提高通关效率、降低企业成本，加强进境粮食检疫监管，保障粮食安全。

【全国首次在进境种禽中检出禽白血病】2021年，沈阳海关共开展进出境动物疫病监测625份、2,501项次，其中检出不合格1项次，为进境种禽中检出动物检疫二类疫病禽白血病。突出国门生物安全监测的风险预警作用，加强风险研判和软硬件建设，成立工作专班，深入分析研究病原特性、流行特点，模拟突发事件应急处置，强化检测方法储备，实验条件摸索和反复试验演练；加强现场评估、观察预判，有针对性进行选样采样；在初检阳性后，进行审慎研究，取样佐证，经国家实验室病毒分离，最终确诊为禽白血病阳性。这是全国首次在进境种禽中检出该种动物疫病，有效防范重大疫病传入，保障种质资源引种安全。

【进出口食品安全】2021年，沈阳海关共受理进口转关一般贸易冷链食品305批310标箱，按照布控指令完成核酸取样6批6标箱，完成预防性消毒77批154标箱。通过线下授课、线上直播等方式加强培训和业务指导，开展核酸采样技能培训3次、新冠病毒污染冷链食品应急处置演练1次，对22人进行岗前实操考核。采取"四不两直"方式强化督导检查，落实个人安全防护和进口冷链食品安全监管人员"封闭管理"规定。

2021年，沈阳海关共完成进出口食品安全监督抽检220批次，检测微生物、疫病、农兽药残留、重金属污染物等2,734项次，同比分别增长107.5%和62.8%。全年共检出不合格进出口食品12批次，其中进口1批次、出口11批次。共完成258个出口动物源性食品安全风险监测样品送检任务，涉及种类有蛋类、蜂蜜、鸡肉、鸡肝、鸡肾和鸡脂肪等。在1批鸡肝中检出邻乙酰水杨酸超限，其他送检样品全部合格。

成立沈阳海关落实《中华人民共和国进出口食品安全管理办法》和《进口食品境外生产企业注册管理规定》两部规章工作专班，建立应急机制，协调解决关区实施两部规章遇到的相关问题。组织关区全部隶属海关分管领导及业务骨干参加总署e课堂培训，了解两部规章的有关要求与变化。在沈阳海关组织2次培训，设置专门课程进行宣讲。在海关各业务现场设置宣传展板，张贴宣传海报，发放宣传手册400余份。收集汇总关区进口食品境外生产企业25家，进口产品信息28条，特殊监管区内生产企业2家，及时将信息报送食品局进行系统维护，确保现有进口业务顺利开展。

成立食品安全信息收集小组，收集上报食品安全信息200余篇，被总署采用1篇，沈阳海关内发布食品安全预警信息24篇。对26家出口腌制蔬菜类企业开展风险排查，协助总署妥善应对国外舆情。开展进口肉类专项整治，防止瘦肉精超标产品和碎肉、肉糜等不符合准入要求的肉类及其制品输入。加强进口食品证书核查，妥善解决白俄罗斯进口乳粉证书问题。对6批被境外通报不合格食品的涉事企业开展境外通报核查，及时解决出口食品安全风险隐患。对进口胶囊类食品进行风险布控，杜绝不符合中国法律法规要求和国家标准的食品流入国内市场。开展进境动植物源食品检疫审批和进出口食品化妆品安全监督抽检及风险监测计划落实情况专项督察和食品安全工作专项业务检查，及时发现处置工作中存在的风险隐患。

开展进口食品"国门守护"行动，贯彻执行进境动植物源性食品准入制度，加强随附证书审核，严防进口食品安全风险。强化检疫审批管理，严格按照总署公布的最新准入名单和采取的紧急预防性措施开展审批工作。加强进口食品监督抽检，对1批不合格进口食品（日本纳豆发酵制品）实施退运处理。组织开展"食品安全宣传周"系列活动，发放宣传材料1,700余份，集中展示海关在维护进出口食品安全方面的举措和成效，营造社会共治氛围。开展"国门利剑2021"行动，配合缉私部门打击走私犯罪。

成立供港食品安全工作专班，每周按时向食品局报送供港食品信息和香港市场反馈情况。指导出口蛋禽养殖场按照香港地区有关要求开展H5、H7亚型禽流感病原监测，制订供港澳鲜鸡蛋安全风险监测计划，对兽药和污染物等26项重点监测项目进行检测，确保供港食品安全。

商品检验

【概况】 2021年，沈阳海关共受理法定检验进出口商品13,185批，货值126.5亿美元，同比分别增长8%和138.63%；检出不合格301批，布控检出率5.56%。主要商品种类为机电产品、化矿金产品、日用消费品等。产品质量总体较稳定，未发生质量安全事故和境外通报情况。

【进口商品检验】 沈阳海关主要进口商品为汽车零配件、金属材料和医疗器械等，主要进口国为澳大利亚、德国、日本、美国。涉及的重点敏感商品包括大宗资源商品、危险化学品及其包装、医疗器械和旧机电等。

进口危险化学品检验监管138批次，16.85亿美元，未检出不合格，主要品种为原油和成品油。

受理进口医疗器械报检391批次，报检金额10,330.39万美元，其中检验不合格5批次。进口医疗器械批次同比减少6.5%，进口金额减少6.9%，不合格批次与上年同期持平。医疗器械主要进口国家和地区为美国、德国、韩国、荷兰、英国等。

检验进口机械655批次，货值0.24亿美元，同比分别降低5.93%和3.07%；检验不合格26批，同比增长62.5%。

在跨境电商进口消费品风险检测工作中，沈阳海关共计抽查跨境电商进口消费品20批，检出不合格17批，不合格率85%。

查获禁止进口固体废物17批次、2,110件。检出1批进口儿童口罩不合格，并移交公安部门处理。

在进口高风险非冷链集装箱货物检验监管工作中，梳理分析检验监管数据115条，调阅档案19份，查看视频监控7条，发现现场检验监管问题1项，指导现场按要求完成整改。组织应急处置演练，完善和理顺流程、规范一线执法操作。

建立进口旧机电、医疗器械、特种设备、儿童用品不合格案例随时上报的工作制度，指导一线关员及时按新布控质量实施检验监管。共发现进口旧机电不合格8批，向总署报送进口旧机电不合格案例2起，进口医疗器械不合格6批次，向总署报送进口旧机电不合格案例4起。

【出口商品检验】 沈阳关区主要出口法检商品为危险化学品、机电产品、日用消费品等。涉及重点敏感商品包括防疫物资、危险化学品及其包装、出口退运商品等。

▲2021年6月，沈阳海关隶属阜新海关关员对出口危险化学品开展属地查检

沈阳海关检验出口防疫物资21批次、282万件，输出国家和地区主要为德国、法国、俄罗斯、西班牙、荷兰、美国等。

出口危险化学品检验监管批次2,380批次，同比增长24.15%；货值13.08亿美元，同比增长2.9%。出口不合格122批次，布控不合格率5.13%。

出口工业品退货23批次，货值41.8万美元。退运产品包括机电产品、化工产品、轻工产品、纺织产品、金属制品、塑料产品等，以机电产品居多，轻工、纺织品次之。退运国家和地区以日本、韩国、美国、德国等为主。

开展"清风行动"，打击进出口防疫物资、电池、灯具、服装箱包、儿童玩具、体育用品等商品假冒伪劣和贸易欺诈行为，发现1起出口儿童口罩掺杂不合格的案件移交地方公安部门处理。以出现重大短重问题的进口商、运载船舶和装货港口为重点，持续开展"口岸天平行动"，发现2起严重短重的贸易欺诈行为，检出大宗商品短重货物128批、10,270.48吨，涉及货值9,549.32万元。

保障中俄最大核能合作项目进口。实地调研该公司徐大堡核电项目情况，了解企业需求和实际困难；谋划设备进口检验程序，明确各方责任、相关工作流程，形成细化检验工作方案；先后5次参加进口设备检验跟班作业和实地调研，协助指导企业完善大型成套设备进口准备工作，为企业量身定做检验监管模式，保障进口设备快速通关验放。

口岸监管

【运输工具监管】2021年，沈阳海关监管出入境飞机1,034架次，同比增长1.37%。其中，入境536架次，同比下降1.47%；出境498架次，同比增长4.62%。对93架次客运航空器进行终末消毒监督；监管进出境货包机、客改货航班439架次，同比增长5,387.5%，为历史最高水平；监管出入境船舶735艘次，同比增长11.52%。其中，入境船舶427艘次，同比增长23.41%；出境船舶308艘次，同比下降1.91%。

▲2021年3月，沈阳海关隶属辽中海关关员监管出境中欧班列

【货物监管】2021年，沈阳海关建立日常监督检查机制，对现场查验监管工作开展视频监控；开展口岸检查作业水平评估工作，复核2019年以来口岸检查作业单4,708票。

定期开展设备使用绩效评估工作，全年新增配发15类、103台反恐及人身安全防护等监管设备，扎实推进海关系统安全生产专项整治三年行动集中攻坚，确保各项监管工作正常开展，业务平稳运行。

【快件邮件监管】2021年，沈阳海关推行快件运营人申请一次性告知和办理过程反馈措施，受理审核通过3家快件运营人，注销1家企业在两个海关监管场所的快件业务；严格加强快件运营人资质审核，梳理辽宁中邮物流境外合作企业情况，及时将其已终止合作的境外合作方名单告知现场海关；落实总署"双随机、一公开"派员查验工作要求，研究探索应用随机派员小工具；开展不招呼视频巡查、现场巡视和系统抽查，对邮、快件监管执法作业情况进行督导检查；继续推进邮递物品监管改革，指导邮局企业建设辽宁邮政新邮件作业场地，关注 CT 升级改造和智能审图系统部署进度，明确提出建议和意见，加强与总署和邮政企业沟通，及时反馈推进工作中遇到的情况和问题。

▲2021 年 1 月，沈阳海关隶属邮局海关关员查验进口邮件

【跨境电商】2021 年，沈阳海关推进跨境电商综试区发展，借鉴先期试点直属海关经验做法，结合关区监管工作实际，牵头协调各有关职能部门，研究拟定推广步骤和工作措施，印发企业对企业出口监管试点实施方案，以及跨境电商 B2B 出口业务、海外仓业务模式备案、信息数据流转办理指南，对相关工作做出部署，明确业务办理路径和流程。加强与地方跨境电商业务主管部门联系配合，开展三次"政策找企业、服务送上门"活动，联合市商务局召开跨境电商"9710""9810"出口推介会和业务开展筹备会，自由贸易试验区跨境电商服务大会，现场为企业进行政策宣讲及业务培训，明确关键节点和注意事项。完成 3 家跨境电商企业 5 个海外仓备案，为 22 家有简化申报需求企业进行简化申报维护。监管处会同科技处、数据分中心，联合邮局海关研发"跨境电商零售一般出口清单布控定位分拣系统"，并于 9 月 6 日在沈阳邮局海关远达国际快件监管中心上线运行，有效缩短布控查验时间，提高出口商品通关效率。推动沈阳首个跨境电商体验店——盛大门全球精品直达店于 11 月 28 日开始运营。根据总署统一工作部署，开展打击跨境电商进口走私"断链刨根"专项整治行动，结合关区监管实际，印发打击跨境电商进口走私"断链刨根"专项整治行动方案，形成监管、风控、企管、缉私等多部门联动工作机制，采取视频监控、现场巡查和实地抽核方式，督导检查跨境电商监管通关作业和场地区域设置，全面梳理各跨境电商监管作业场所的封闭及卡口设置、场地设置、信息化管理系统、视频监控系统等合规情况，组织开展高风险企业专项稽查，规范关区跨境电商相关企业进出口行为，保持打击跨境电商违法违规活动高压态势。

【监管场所场地】2021 年，沈阳海关新建监管作业场所审批 2 个、行政变更 1 个。对关区 5 个指定监管场地开展摸底核查，对场地硬件设施不达标企业开展约谈，明确整改措施和时限，敦促整改完成。在所涉海关监管区域危险化学品隐患排查中，均无超期危险品货物滞留，辖区内无硝酸铵进出口、生产以及存储，严格涉危海关监管作业场所的行政许可，分类处置现有涉危海关监管作业场所，形成涉危监管作业场所退出机制，现已实现储罐类海关监管作业场所清零。着力推进监管作业场所（场地）"双随机、一公开"巡查模块实体运行，增强口岸监管制度创新和治理能力，强化口岸监管基础设施，总署部署监管场所（场地）模块上线运行，为保障系统正常应用，新增用户授权64人，对接总署开展测试3次，维护监管片区库、检查对象库等用户分组23项并及时解决和解答现场问题咨询。

【智能审图】2021年，根据总署统一工作部署，沈阳海关开展快件CT智能审图同屏比对试点，完成智能审图平台部署联调工作，关区3台CT智能审图设备均已接入平台，协调部署沈阳邮局海关新邮检集中作业场地CT智能审图系统安装工作。组织参加中国海关出版社有限公司举办的《智能监管科技创新系列——旅检、快件、跨境、行邮场景线上视频交流会》，学习借鉴其他海关智能审图应用经验做法，强化智能审图系统应用。

【口岸监管环节反恐】2021年，沈阳海关提前启动冬奥会海关口岸监管环节安保工作，围绕海关监管作业现场突发事件组织5个隶属海关开展桌面推演、模拟演练，推动各隶属海关参与属地有关部门组织的相关应急演练，形成口岸安保合力；组建口岸监管环节反恐专家组，遵循科学防护原则，为一线作业人员增配相应等级的防护装备和监测设备共计100余万元，保障作业人员及口岸现场作业安全；邀请军事医学的著名专家和生物监管设备应用专家为关区一线监管人员50余名开展安全生产、口岸反恐和监管查验设备应用培训并组织开展反恐专项突发事件应急处置演练，对海关一线监管理论水平、设备实操能力、应急处置能力、工作流程衔接、联系配合机制等方面进行全面检验，与生态环境局、卫健委、出入境边检站、海事局、紧急医疗救援中心构建较为完善的跨单位协同监管工作体系。

【安全生产】2021年，沈阳海关开展安全生产专项整治工作，建立周提醒、季报告机制。以安全生产三年集中整治工作为重点，开展包括危险化学品监管、监管区域、口岸疫情防控、国门生物、食品安全监管、办公场所、实验室管理等多线条安全生产关区内全链条检查，开展危险化

▲2021年12月，沈阳海关隶属辽阳海关关员监管出口柴油

学品专项检查及辖区内是否存放、生产硝酸铵情况排查,发现问题4项并已完成整改,所涉海关监管区域均无超期危险品货物滞留,辖区内无硝酸铵生产、存储,危险品进出转存监管制度均已建立并能够遵照执行。开展安全生产专项整治三年行动,在数次安全生产隐患排查中,安全生产专项检查组对重点领域共计171个检查要点逐项排查,排查整改安全隐患15项。

统计分析及政策研究

【概况】2021年，统计分析处坚持以习近平新时代中国特色社会主义思想为指导，提高政治站位，全面贯彻党中央、国务院重大决策部署，落实总署党委对分析研究工作"快广深"要求和沈阳海关党委的工作指示，全力以赴、奋发进取，各项工作取得新成效。政策研究能力持续加强，署级课题工作推动有力。年内组织开展了4个署级申报课题的撰写、调研、审核、上报工作，创历年新高。调查研究工作扎实开展，开展关区中国外贸出口先导指数调查、进口货物使用去向调查等专项调研。着眼固本强基，加强统计数据质量控制，统计基础工作更加扎实。强化标本兼治，数据安全管理规范有效。加强统计科技信息化建设，开发移植统计数据处理系统。深入挖掘数据价值，外贸形势分析不断深入，宏观经济分析能力不断提高，上报监测预警专题文章共计212篇，其中被总署相关载体采用10篇，被上级有关部门采用3篇。

【统计调查】按月度开展沈阳关区中国外贸出口先导指数调查工作，及时催报样本企业，确保调查数据质量，并编制先导指数调研报告；根据总署统一部署，完成2020年跨境电商试点调查和2021年上半年跨境电商试点调查、2020年进口货物使用去向调查、2021年统计月报口径核对和海关统计商品目录修订征求意见调研等专项调查调研工作。上报先导指数调研报告6篇，组织开展统计调查工作网络培训1次。积极与总署统计分析司沟通协调，获批增设沈抚改革创新示范区国内地区代码和海关统计经济区划代码，有力地支持区内海关业务及地方经济建设工作开展。

【贸易统计】进一步加强统计数据质量控制，制发关于强化责任落实保障进出口贸易统计数据质量的相关通知，要求各相关单位、部门各司其职，全力保障数据质量。认真贯彻落实"日监控、旬分析、月处置、季复审、年总结"的常态化数据核查机制，综合运用各系统查询、检控功能，及时核查、处置异常数据，优化审核流程，加强对重点商品的审核监控，全面审核关区统计数据，把好报关单统计数据质量关。按时上报贸易统计数据及更正数据，及时核实并反馈总署下发的核查要求。加强CSD系统、TSD系统和报关单日报子系统应用，及时核查、处置检控异常数据。通过CSD系统下发核查数据并纠正差错数据；通过TSD系统重点核查同品名不同税号归类情况、各项商品重量之和大于净重情况以及商品第一第二数量比异常情况，并纠正统计数据差错。建立关区统计数据一体化审核机制，落实维护海关统计数据真实准确工作责任制规定，通过日常数据监控发现商品出口价格异常等情事，积极开展统计监督。

【业务统计】开展业务指标新体系研究，配合牵头海关，完成监管效能板块的研究建设。每月开展业务统计数据审核报送工作，定期开展业务统计分析工作，并向总署统计分析司报送业务统计分析和业务统计情况交流。每月发布沈阳关区主要业务数据情况通报，并在综合通报台、综合业务管理平台报告要情模块进行公布，通过数据反映关区主要业务开展情况。每月撰写形势分析会业务统计部分材料，从监管、加贸、企管、行邮、税收、缉私6个方面分析关区业务统计数据情况。聚焦业务统计指标异动、"海关业务改革"、"疫情防控"等重点领域，加强对检验检疫的业务指标梳理，注重发现和总结问题，配合总署完善业务统计指标体系。不断拓展业务分析范围，探索形成既结合业务实际又具备前瞻性的业务研究。

▲2021年12月，沈阳海关关员在华晨宝马汽车有限公司调研

【统计数据运用和管理】配合总署统计分析司优化完善海关业务数据管理体系，派员参与业务数据分类分级和统计业务应用系统整合工作。加强数据管理，开展业务数据使用安全暨维护海关统计数据真实准确检查，加强海关业务数据安全管理，推进建设关区业务数据安全长效机制。按照海关业务数据管理相关要求，指导关区业务数据应用系统建设。迅速落实学习宣传贯彻《中华人民共和国数据安全法》工作，采用"普法直播间"的形式，通过"钉钉"平台开展《中华人民共和国数据安全法》专题线上培训。规范高效地提供海关统计服务。定期为省统计局、市统计局、省口岸办、省农委等地方政府部门提供月度进出口统计数据，同时根据地方政府相关部门来函提供统计服务，全年累计为政府部门提供相关数据查询及分析服务100余次。在沈阳海关门户网站发布综合统计资料11份，接待普通民众统计数据查询服务4次。

【政策研究】 积极推进课题研究工作，组织开展《海关如何助力构建国内国际双循环相互促进的新发展格局》《中国城市外贸竞争力评价指标优化研究》等4个署级课题的撰写、调研、审核、上报工作，创历年新高。组织开展《深化东北亚经济合作促进区域经济高质量发展》等10篇关级课题研究工作，其中报送地方政府相关部门1篇，实现课题成果转化。

深入推进"十四五"海关发展规划具体措施的编制和落实，牢固树立系统思维和全局观念，切实增强"一盘棋"思想，对照总署《"十四五"海关发展规划》，结合总署各司局规划，结合地方规划，结合关区工作实际，制订《沈阳海关贯彻落实〈"十四五"海关发展规划〉分工方案》，细化落实措施，做好任务分工。通过"三上三下"的方式，充分吸纳机关部门和基层单位的意见建议，对标对表总署《"十四五"海关发展规划》主要指标、主要内容、主要工程3个部分，制定《沈阳海关贯彻落实"十四五"海关发展主要指标的落实措施》《沈阳海关贯彻落实"十四五"海关发展规划重点内容的落实措施》《沈阳海关贯彻落实"十四五"海关发展规划主要工程的落实措施》3个细化落实措施，并成立关区贯彻落实"十四五"海关发展规划领导小组，统筹推进落实分工方案的各项工作。

【监测预警】 2021年，按照总署党委对分析研究工作提出的"快速""广泛""深入"的要求，认真贯彻落实倪岳峰署长关于进一步加强宏观经济研究和外贸形势分析批示精神，充分发挥统计分析研判作用，并结合关区实际情况开展关区监测预警工作。

开展全球贸易监测分析工作，参与完成6期共12篇《全球贸易监测日报》的审核和编撰工作；对《2019年及2020年中国与罗马尼亚双边贸易简况》进行审核，完成海关杂志约稿的《2019年及2020年中国与日本双边贸易简况》和《2021年前8个月中国与阿富汗双边贸易简况》；与大连海关共同完成《"十三五"期间东北地区对外贸易分析》初稿。

持续做好关区监测预警专题工作。向总署统计分析司上报监测预警专题文章共计212篇；报送沈阳海关统计类信息33篇，其中被《辽宁日报》采用2篇，被"学习强国"采用1篇；加强对中东欧国家贸易情况的监测，重点关注辽宁自中东欧国家进口农产品情况，完成《辽宁省与中东欧国家贸易合作情况的报告》；落实署领导指示要求对2020年以来重点资源性产品价格走势进行分析，完成《镍矿砂价格走势》分析报告；按照总署要求加强重要商品进出口异动监测预警工作，对全国禽肉开展专题监测；对关区锌矿价格异动情况进行监测，形成监测预警速报上报总署；完成11期关区形势分析会辽宁省、沈阳市外贸简况素材。

开展关区企业调研工作。配合总署专

题分析工作，对涉及沈阳关区共114家专精特新"小巨人"企业开展调研；对关区45家行业代表企业进行问卷调研，完成2020年第一次形势分析研判工作专班会议材料《新冠疫情下辽宁省进出口贸易结构情况的分析》。

运用新闻发布会解读沈阳市进出口贸易数据，正向引导社会预期，全年完成沈阳市上半年外贸进出口情况新闻发布会和前11个月辽宁省和沈阳市外贸进出口情况新闻发布会。

为地方政府做好数据咨询和分析服务工作。为辽宁省办公厅、省发改委、省商务厅和省统计局提供相关数据及分析服务，为地方政府决策提供有力参考。

根据各隶属海关数据需求及相关工作需求，为11个隶属海关开通沈阳海关统计数据应用子系统管理应用权限，并定期对系统应用程序、数据和系统参数进行维护。

企业管理和稽查

【企业管理】截至 2021 年年底，关区共有报关单位 16,170 家、食品类特定资质企业 1,167 家，其中高级认证企业 24 家、失信企业 7 家，年度新增报关单位 1,416 家、食品类特定资质企业 153 家。

▲2021 年 9 月，沈阳海关关员调研出口"一带一路"沿线国家和地区起重机情况

沈阳海关依托"建党百年 惠企行动"主题活动，积极践行"我为群众办实事"。

制定《沈阳海关认证企业（AEO）管理措施目录》。在总署措施目录基础上，结合沈阳关区外贸发展实际，进一步补充细化，形成涵盖 6 大类 28 项 47 条措施的《沈阳海关认证企业（AEO）管理措施目录》，给予认证企业更多便利措施，并在辽宁省政府新闻办召开新闻发布会宣传解读。该措施目录的发布充分体现了关检融合改革成果，将海关监管与检验检疫便利措施进行统筹，涵盖海关通关监管的前、中、后全过程，不仅包含海关通关的各项措施，还明确了海关认证企业在国家相关部门以及在 AEO 互认国家和地区所享受的便利和优惠措施实施。

实施"千、百、十"信用培育计划。通过线上线下相结合方式，开展海关企业信用管理宣讲、主动披露政策解读、加工贸易改革等信用培育专场，关区 300 家企业近 1,000 人次参与。以关区近两年发生过进出口业务的综合保税区内企业、与"一带一路"沿线国家和地区有贸易往来企业、制造业民营企业、产业链供应链中龙头企业为重点，选取 110 家重点培育企业，通过"一对一"辅导、专项培育等方式，实施精准信用培育，指导企业准确理解《海关高级认证企业标准》；通过信用培育，使关区至少 10 家企业有意愿提升信用等级，其中 4 家企业已通过 AEO 认证。

通过企业协调员持续服务企业。修订

《沈阳海关企业协调员工作管理办法》和《沈阳海关关企合作委员会工作规程》，完善企业协调员工作程序，明确企业协调员工作职责，建立企业问题协调解决机制。以企管部门人员为主，各职能部门和隶属海关参与，组建关区42名业务骨干成立企业协调员专家团队，开展企业协调员服务。组织企业入驻"中国海关信用管理"微信平台。沈阳关区已有600家企业成为平台的注册用户，关区所有高级认证和一般认证企业均已入驻，覆盖关区进出口业务量的60%以上。关区各隶属海关通过"中国海关信用管理"微信平台、电话咨询、现场咨询、关企座谈等方式，开展政策措施解读、疑难问题解答等服务188次，切实为群众办实事解难题，有效落实"问题清零"机制。

沈阳海关举办两期"关企零距离"面对面交流活动，围绕海关重大改革项目、创新政策等重点问题，与企业开展定期互动交流。开展海关信用信息"及时语"服务，结合企业需求，提炼出税款欠缴、报关差错、违法记录、信用状况、年报提醒等企业最关注的20项信息。

资质管理方面，完善企业做好"报关企业注册登记"取消行政审批后续衔接工作，积极推进落实报关单位备案改革，从简从速办理备案手续，实现报关单位备案"全程网办""一地申请、一次办理"。加强报关单位注册信息核对，核实市场监管部门已注销、吊销的532家企业在海关备案状态，及时开展注销作业。组织开展关区4家出口食品原料养殖场备案考核，助力关区禽肉企业对外出口。积极开展食品生产企业对外推荐注册及政策宣讲，摸底企业出口情况和对外注册需求，通过线上辅导、实地查看等方式指导企业加强管理，严控品质，对标"内地供港冷冻禽肉检验检疫要求"指导关区2家出口食品生产企业对香港注册。

【保税监管】关区共设立手册651份、结案手册624份，加工贸易进出口货物总值306.16亿元、同比增长85.32%；沈阳综合保税区一线（境外）进出口总值82.32亿元，同比增长383.5%；保税监管场所一线进出境货值49.94亿元，同比减少44.55%。

沈阳海关持续推进加工贸易监管改革，推行优化关区加工贸易集中审核作业模式，改革后企业办事效率明显提高、获得感显著提升，海关内部作业流程得以简化，3项业务办理事项共计减少9个内部环节。根据企业需求落实总署改革措施，允许加工贸易企业按季度集中办理内销，推广介绍企业集团加工贸易监管模式优势，实施综合保税区内电子账册设立（变更）自主备案。通过强化加工贸易事中、事后监管，综合利用稽核查、主动披露、信用培育等手段，实现对关区加工贸易企业监管的全覆盖。允许加工贸易企业按季度集中办理内销，积极开展政策宣讲与调研，以需求为导向，推广介绍企业集团加工贸易监管模式优势。

全面实施综合保税区内电子账册设立（变更）自主备案，支持跨境电商线下体验店建设，跨境电商保税备货（1210）模式业务迅猛发展，跨境电商退货中心仓减少企业操作环节、降低运营成本作用不断凸显。截至10月31日，关区"1210"模式进出口货值达1,436.92万元，同比增幅达8.6倍。退货中心仓共计接受退货商品439批，货值约13万元。保税展示交易业务在关区正式落地，东北地区首个国际文化艺术品保税展示交易中心开展，共有1,400余件出区保税展示交易的比利时艺术品展出。

【稽查核查】2021年，关区办结稽查作业114起，查发率50.88%；办结核查作业390起，有效率33.85%，无超期办结作业情况。

▲2021年8月，沈阳海关隶属浑南海关关员在圣诞用品出口生产企业实地核查

沈阳海关优化调整关区集约化作业模式。统筹管理全关区稽查作业，对总署组织或关区内重大、复杂稽查事项，直接进行部署、指导和督办。完善建立稽查联合研判机制，以关区现行业务风险联合研判机制为基础，增加企管处为联合研判基本成员单位，完善建立稽查联合研判机制，全力构建海关稽查"数据大、分析强"的全新格局。在关区设置"一个稽查中心，两个稽查工作站"片区集约化工作模式，即：在铁西海关设立稽查中心，承担沈阳地区企业的稽查、主动披露等事项；设立辽西片区稽查工作站，内设稽查科，统筹负责锦州、阜新、辽宁朝阳、葫芦岛海关的涉检稽查作业和重大稽查行动；设立辽中东片区稽查工作站，内设稽查科，统筹负责抚顺、辽阳、铁岭、沈抚新区海关的涉检稽查作业和重大稽查行动。除"一个稽查中心，两个稽查工作站"所在地海关外的其他隶属海关，保留属地后续监管职责，原核查科更名为稽核科，负责属地企业的稽查、核查、主动披露等事项。

沈阳海关创新稽核查作业方式，统筹关区后续监管优势兵力，对重点行业、高风险企业开展交叉、机动稽核查，开展特许权使用费、减免税、跨境电商、进口大宗散货等涉税领域专项稽核查；拓宽稽查领域，开展进出口危险化学品企业逃漏检风险专项稽查行动；推进主动披露制度落实，首次采用"线上+线下"方式召开政策宣讲会。全年，关区共办理主动披露作业16起。

全面推进与市场监管部门的联合抽查，分两批次对60家企业完成联合执法，单次外勤执法作业用时不到半天，解决多头指挥、多头下厂、执法成本高等问题，减少对企业正常生产经营活动的干预，真正实现"进一次门、查多件事"，达到"1+1>2"的执法效果。检查结果在沈阳海关门户网站、辽宁省"互联网+监管"两个平台进行"双公示"，持续推动执法行为标准化、留痕迹、可追溯，进一步打造国际化营商环境。

加强稽查人才培养力度。增强稽查业务培训的针对性和实用性，综合运用培训前自学、集中授课、案例研讨、上机操作、跟班作业、综合评估等多种方式提高稽查人员专业能力和素质。以切实增强稽核查人员的业务水平为导向，不断加强关区稽查业务培训的针对性和实用性。统筹推进稽查岗位练兵和业务实训工作，不断丰富培训形式。邀请总署和兄弟海关专家开展有针对性授课，借鉴先进经验，补齐短板，强化弱项。建立稽核查跟班作业长效机制，深入推进结对帮扶，在干中学、在学中干。

【属地查检】2021年，关区实施属地查检的进出口货物共8,378批次，其中，送样检验493批次，占5.9%；查发问题263批次，占3.14%；出具相关证书5,867份。

沈阳海关开展属地查检业务资源分析调研，全面掌握关区属地查检业务特点、对关区各属地查检业务现场工作量进行统计摸底，开展专项数据分析，并根据关区业务特点，合理调配具备特殊岗位资质的人力资源。明确监管职责，加强与卫、动、食、商等部门沟通，全面建立属地查检执行管理与职能管理处的"联合作业、信息互认、结果共享"的联动机制。推动进出口属地查检"1+N"联合监管新模式，实现进出口货物属地查检执行监管与职能专业管理效能叠加。建立监督机制，针对属地查检业务领域广、链条长、作业环节多、人员接触频繁等特点和风险，对关区属地查检作业开展定期自查和常态化监督检查，要求各业务现场每月定期开展自查。

关区组织职能管理部门和执行管理部门开展联合监督检查，通过调系统、查资料、现场检查、视频巡查等多种形式，梳理各隶属海关存在隐患问题3个。开展进口鹿茸等特殊商品属地查检环节疫情防控工作调研，全流程掌握一线疫情防控情况，在全力做好新冠肺炎疫情防控的同时，防止各类疫病疫情通过属地查检传入传出。探索开展低风险货物远程可视化查检作业模式，实现现场查检"零接触"。年底，按照总署有关要求，及时开展关区属地查检指令执行情况梳理，对长期挂单未执行指令分析原因，并提出解决措施。

【审核监督】推进关区稽核查"网上电子审核"改革工作，缓解专职审核人员紧缺问题调整作业系统授权和操作流程，成立沈阳海关虚拟集中审核中心，组建涵盖关区13名稽查审核专家的团队对7个隶属海关的稽核查作业开展远程审核。通过虚拟审核中心有效提升沈阳海关稽核查审核质量，增强稽核查执法统一性，缓了解部分基层海关专职审核人员紧缺的问题，年内共办理网上电子审核作业20起。

沈阳海关加强企业管理和稽查领域巡视整改工作，与督审、风控、浑南海关等部门通力协作，克服时间跨度长、核算数据量大、单证证据缺失等困难，圆满解决巡视、审计提出的现进缝制、国泰飞机两家公司账（手）册异常、长期未处置问题。至当年9月，现进缝制、国泰飞机两家公司问题均完成整改，对应账册、手册已完成核销、注销及结案手续，分别缴纳税款507,628.45元、314,609.46元。针对巡视整改和专项整治过程中暴露出的企管领域监管风险，开展稽核查专项执法检查，整改问题75个。

持续完善稽核查执法内控体系建设，设置稽核查领域关级内控节点10个，建立《职能内控清单》，对28个清单项目开展日常监控，合理划分基层海关和职能处室监督职责，形成执法监督合力。依托稽查司业务可视化监控平台和沈阳海关业务监控系统动态监控，开展常态化作业数据分析。高度关注外部舆论监督，开展企业廉政回访，有效防范外勤作业廉政风险，年内持续开展企业廉政回访工作134次。

查缉走私

【概况】 沈阳海关缉私局坚决贯彻落实习近平总书记关于打击走私的重要指示批示精神，逆行出征抗击疫情、攻坚克难打击走私，忠诚履行职责使命，统筹做好疫情防控和打私工作。围绕总署"国门利剑2021"行动部署，积极开展禁毒大会战、"蓝天2021"专项行动、"护卫2021"专项行动、"净边2021"专项行动等20项专项行动。2021年，共刑事案件立案22起，同比减少8.33%，立案案值4,707.91万元，经扩线侦查，当前案值9,349.23万元，同比减少3.82%；行政案件立案121起，同比增加18.63%，立案案值2.46亿元，同比减少22.75%。协查案件119起，其中一级挂牌督办案件2起，协查工作165件。

【打击涉税走私】 严厉打击"水客"走私。以航空口岸为重点，进一步加强打击"水客"走私工作，立案侦办"水客"走私案件4起，案值164万元。其中，2021年3月，沈阳海关缉私局在总署缉私局的统一指挥下，与拱北、北京、上海、杭州、南京等20余个兄弟海关缉私局共同开展全国打击"水客"走私统一集中行动，刑事立案2起，案值74万元，抓获犯罪嫌疑人2人。9月，沈阳海关缉私局在总署缉私局的统一指挥下，与北京、天津、上海、杭州、南京等20余个兄弟海关缉私局共同开展全国打击"水客"走私第二轮集中行动，刑事立案1起，案值60万元，抓获犯罪嫌疑人2人。

严厉打击重点涉税商品走私取得成效。持续严厉打击成品油、卷烟、汽车、矿产品、高档消费品等重点涉税商品走私，共刑事立案10起，案值4,670.21万元；行政立案11起，案值203.07万元；查获走私货物包括包、手表、耳环、项链、香烟、电子烟弹、木材等。一是在开展"国门利剑2021"行动基础上，开展打击跨境电商进口走私"断链刨根"专项整治行动，坚决遏制跨境电商进口走私多发、频发势头，支持跨境电商新业态规范健康持续发展。二是进一步加强打击成品油、非标油走私工作，严厉打击通过非设关地向关区走私成品油、非标油等违法犯罪活动，坚决遏制重点涉税商品走私活动猖獗势头。三是开展打击木材走私第二轮专项行动，共刑事立案3起，刑事拘留犯罪嫌疑人3人，取保候审1人，合计案值4,173.21万元，目前案件均已移送起诉。

严厉打击粮食等农产品走私收获战果。立足沈阳海关实际，各相关部门加强协作配合，积极开展情报经营和深挖扩线，综合运用"市场倒查""循线追踪"等战法开展联合研判和专项打击。立案侦办某皮革工业有限公司走私普通货物案，该公司在未取得海关许可的情况下擅自将保税进口牛皮加工成胚革后在国内销售，立案案值2,800万元。

【打击非涉税走私】严厉打击"洋垃圾"走私。深入贯彻落实习近平总书记关于禁止"洋垃圾"入境的系列重要批示精神，印发"蓝天2021"专项行动通知和行动方案，成立行动领导小组，对关区各单位、各部门工作任务进行分解，强化固体废物现场查验，积极利用行邮业务作业系统、监管场所卡口系统等，加大风险研判力度，提升物流监管智能化、信息化水平。共查获固体废物16批次、2,169件，并在联网核查、现场检验环节，强化进口旧机电检验监管，检出不合格旧机电6批，保持打击"洋垃圾"走私高压态势。

严厉打击象牙等濒危物种走私。深入贯彻落实习近平总书记关于严厉打击象牙等濒危物种走私的指示精神，开展"护卫2021"专项行动，严防各类野生动物传染源伴随进出境活动传播扩散。共立案侦办象牙等濒危物种走私刑事案件4起，案值156万元；行政案件44起，案值63.14万元。查获象牙制品78件，象牙手串47件，共6.755千克；红珊瑚制品326件，1,704.4千克；一级保护动物雪豹尾1条、熊狸头1个、虎须15根、虎皮1块、亚洲象牙1块（61克）、亚洲象脚趾18块、马来熊牙齿4颗、老虎头骨4个；二级保护动物豹纹陆龟壳1个、兔狲皮6张、熊爪1个、猞猁牙80颗、狮子牙1颗、狮子头骨1个，犀牛角制品2.4千克、穿山甲制品6.2千克。

▲2021年12月，沈阳海关缉私局锦州分局查获走私珍贵动物制品

严厉打击涉枪涉毒走私阶段性成果明显。一方面，深入贯彻习近平总书记关于禁毒工作的重要指示精神，积极开展禁毒大会战、"净边2021"专项行动和寄递渠道禁毒百日攻坚行动，持续保持打击毒品走私的高压态势，立案侦办走私毒品案1起，查获咪达唑仑10支。另一方面，积极开展为期3年的打击整治枪爆违法犯罪专项行动，先后两次参加总署缉私局统一组

织的"国门勇士"缉枪行动,联合地方公安落地核查23条线索,出动警力70人次,行政立案6起,查获疑似枪支零部件89件,疑似仿真枪1把。

【**智慧缉私**】整合信息资源、数据资源,针对沈阳关区重点商品、重点渠道、重点行业开展专项数据整合研判分析,提升查发能力及打私效能。加强内外联系,横纵多项对接。对内做好与海关风险防控分局、稽查等部门的联系配合工作,签订合作备忘录,定期展开会晤交流,进行数据交换及情报信息互联互通,开展联合作战。进一步深化全员打私,海关查发案件数在缉私部门办理的刑事案件中所占比率为50%。对外同属地公安相关部门加强联系配合,同辽宁省公安厅打私办、沈阳市公安局经侦支队等部门共同对枪支线索、毒品线索和冻品线索开展联合经营,情报共享,合成作战,充分发挥缉私情报主导、先导、制导作用。加强外脑建设,拓展数据来源,利用相关专业公司技术力量,搜集数据信息,开展情报线索经营工作。

【**行政处罚**】2021年,沈阳海关缉私局法制部门办结刑事案件15起,立案案值4,500万元;采取强制措施35人次,移送起诉10人。受理审查行政案件42起,审理终结34起,对隶属海关关于案件的请示作出批复5起。接受海关部门移交案件线索143件,核查172件,处置158件。执行案件49起,执行完毕46起,向地方公安机关移交没收、收缴枪支部件105件,管制刀具12把。2021年,分别组织开展了刑事执法检查和执法质量考评工作、缉私行政执法检查工作。

在案件线索接收过程中,加强与海关各业务现场的配合。围绕"国门利剑2021"行动确定的打击重点,有指向性地与海关业务现场进行沟通交流,为有效查缉提出合理化建议,服务监管一线,不断优化协作配合工作机制,不断强化线索移交前的联合研判,加强查发环节的证据获取与固定,进一步完善案件线索的审查方式,提高案件线索移交、接收工作效率,着力提高移交案件线索的质量,提升案件线索的成案率和成大案率。

在行政案件审理过程中,切实把好案件事实关、证据关和法律适用关,通过建立工作模块、健全执法制度,不断提高缉私执法统一性和规范性。一是坚持高效履行行政案件审查把关职能,案件审理质效并举,切实发挥行政法制工作的职能作用。二是坚持树立服务意识和主动作为意识,加强与办案部门、海关业务部门的联系,做到相互协作、互相制约。

【**综合治理**】强化与地方相关部门的联系配合。积极联系和沟通辽宁省政法委、综治办、打私办等地方政府部门,发挥打私基础作用,对打击走私过程中发现的突出问题,及时主动与相关职能部门沟通,争取工作支持,取得良好成效;与辽宁省公安厅刑侦、经侦、网侦、治安、技侦、食药侦、政保等地方公安机关完善联系配合机制，在辽宁省打私办、公安厅的指导下跨区域、跨警种之间协作打击；联合海警、沿海安全保卫等部门加强水上缉私巡查，进一步强化陆海联动；密切与检、法机关的工作联系，完善沈阳市人民检察院侦监、公诉部门对沈阳海关缉私局办理的重大、疑难案件进行先期介入的机制，对案件的逮捕、移送起诉环节进行介入监督，保障案件诉讼工作的顺利进行；积极联系交通、铁路、工商、食品药品监管等部门强化运输、仓储、销售环节清查整治，斩断"购、运、储、销"的走私链条，切实履职形成合力，加大行动的打击力度。

统筹做好疫情防控和缉私工作。严格落实疫情防控各项要求，制订下发疫情防控处置预案和疫情期间打私工作专项行动方案，做好自身民警防疫工作，开展防疫知识培训，发放防疫物资，配备执法防疫护具。协调机场公安局派员在旅检现场设置24小时值勤点，保障疫情期间旅检现场通关秩序。采取视频远程取证及询问工作方法，有效实现了物理隔离，既确保了民警执法的合法性和有效性，又规避了民警和当事人之间交叉感染的风险，获得良好的执法效果和社会效果。建立重点人员数据库，对疫情防控期间频繁进出境人员进行筛查、布控，严厉打击走私违法犯罪。7月28日，根据情报在隔离酒店将进境的嫌疑人蒋某抓获，查获犀牛角制品2,366.5克、穿山甲制品6,026.1克、象牙制品572.6克、海马制品112.4克，案值99.21万元，此案已移送沈阳市人民检察院起诉。

加强非设关地走私动态巡查。对辖区锦州、葫芦岛沿海非设关地进行巡查，对沿海可能停靠船舶的小码头、堤坝实地调查走访，通过和边防派出所座谈和走访港口负责人了解沿海非设关地走私动态。组织警力对辖区沿海非设关地开展了多次夜间巡查工作。通过巡查及时掌握各渔港、码头动态，并通过无人机采集了辖区非设关地重点码头的地形地貌图。

第五篇

政务及后勤保障

政务管理

【应急值守】2021年，沈阳海关强化值班应急及内部安全防范，制定"一本通"专业化值班指南，在重大节日前对值班人员逐一培训；加大检查力度，坚持工作日"随时查"、节日期间"班班查"，共开展检查78轮次；紧盯疫情防控、突发事件等重点关注的信息点，报送值班信息254条；参与总署应急值班管理系统试点，按要求做好试用工作；履行内部安全防范管理职能，组织做好汛期、极端天气、属地有序用电应对工作，避免安全事故和人身财产损失；在新年、"七一"、国庆等重要节点组织开展内部安全防范风险隐患排查及实地检查，持续跟踪督办整改情况；围绕安全生产、疫情防控等要点开展多轮次应急演练，持续提升分级响应、协调指挥、紧急处置等能力。

【政务信息】2021年，沈阳海关围绕重点工作、重要时间节点，强化组织推动，加强信息会商，提升报署信息质量；坚持正向激励、负向督促相结合，强化全员信息意识；通过多种形式培训加强信息队伍培养，提升整体水平；畅通沟通渠道，参与总署相关司局信息合作。全年上报的各类政务信息被总署采用共计107篇，同比增长37%，其中关于创新运用内控清单防范执法一线风险的综合信息呈报得到署领导批示。开展互联网信息工作，拓宽信息工作范围，共报送互联网专报信息286篇。

【会议管理】2021年，沈阳海关切实为基层减负，坚决守住精简会议的硬杠杠，严格会议审批及日常管理，编报年度会议计划24次，落实"过紧日子"要求，严控会议时间、数量、规模，压缩会议经费开支，实际召开会议6次，较上年压缩14.3%，均未产生会议费用。

【公文处理】2021年，沈阳海关持续巩固基层减负要求，通过采取控制发文指标、审核发文说明要件、精简优化通报等"组合拳"，正式发文数量同比压减20%，非正式发文同比压减16.6%。组织2021年度公文处理培训，系统讲解公文政治把关、公文审核技巧、公文常见错情等内容，集中培训后将课程视频和课件通过"钉钉"平台推送全关，全面提升关区整体公文处理能力和水平。强化效率意识，严格公文办理时限，持续提高文件报送质量，全年向总署报送公文实现"零退文"。

【督查督办】2021年，沈阳海关围绕6个方面重点任务开展专项督办，全程跟踪督促检查并在关区形势分析及工作督查例会上进行通报。围绕党史学习教育、疫情防控、安全风险隐患排查整改等重点工作开展督办事项356件，办结率近90%，呈报关党委督办事项完成情况报告59期。完善中长期事项督办机制，及时掌握重点工作阶段性成果及预期目标，强化检查考核及后续跟踪，形成动态滚动清单和抓落实的倒逼机制。

【建议提案办理】2021年，沈阳海关统筹办理建议提案工作，办理完成省人民代表大会、政协建议提案12件（含主办件1件、分办件1件）、代表议案8件，办复率、代表满意率均达到100%。

【保密管理】2021年，沈阳海关落实保密工作责任制，组织关区年度保密自查自评，召开保密工作专题会议及培训班。开展保密安全检查，进一步梳理各项节点指标，落实安全防范措施，强化人员管理和日常宣传教育。

【档案管理】2021年，沈阳海关强化档案人员队伍建设，夯实档案工作业务基础，共组织19人参加省档案局档案人员初任和继续教育培训；做好沈阳海关2020年度文件材料收集整理和立卷归档，共归档文书档案1,056件，接收照片档案455张，整理疫情防控档案1,007件；参加总署海关红色档案故事征文活动，共有3篇被总署采用；以"档案话百年"为主题开展"档案宣传日"，营造庆祝党的百年华诞浓厚氛围。

【政务公开】2021年，沈阳海关落实政务公开要求，完善政务公开平台建设，共受理政府信息公开申请5件，通过门户网站共主动公开各类信息1,062条，答复业务咨询留言92条，平均答复时间1.4天，答复效率达到总署要求。全面提升12360海关热线服务标准化规范化水平、工作效率和服务质量，发挥新媒体平台影响力，开展政策解读，回应社会关切。全年共解答企业、群众各类咨询1.83万条，接通率达到98.65%，微信、微博平台发布信息1,102条，被总署12360公众号采用13条。

【信访工作】2021年，沈阳海关不断提升应对突发、极端信访事件能力，完善信访工作机制，建立依法分类处理信访诉求清单，处理国家信访信息系统、驻署纪检监察组和总署信访办转办信访案件5件。

【新闻宣传】2021年沈阳海关围绕宣传要点，加强对禁止"洋垃圾"入境、打击象牙等濒危动植物及其制品走私等贯彻落实习近平总书记重要指示批示精神工作的宣传，强化与央级媒体沟通力度，共刊发各类新闻宣传稿件207篇。其中，央级媒体14篇，中国传媒中心媒体44篇，新媒体77篇，组织新闻发布会4次、记者通气会2次。

财务管理

【税费财务管理】2021年，沈阳关区税收再创新高，两税累计入库201.62亿元，同比增长24.69%。其中，关税累计入库41.98亿元，同比增长12.97%；进口环节税累计入库159.64亿元，同比增长28.18%。关区船舶吨税累计入库税款0.27亿元，同比增长12.05%。

财务处持续巩固和扩大减税降费工作成效，加强与业务部门联系配合，及时办理保证金收、转、退等财务手续。同时切实落实保证金对账工作，每月与业务办案部门相互反馈保证金核对情况，及时反馈超期、逾期未办理保证金情况，提醒督促相关部门进行处理，建立科学的清欠长效工作机制。进一步增强了对保证金资金的管理，以应收尽收、应缴尽缴、应退尽退为原则，确保保证金资金的安全性、完整性、及时性。

财务处持续推进"我为群众办实事"实践活动，沈阳海关优化保证金退还流程，在银行设立退还保证金专用窗口，开通账户网上银行功能，企业保证金手续即收即办理退款，想方设法缩短企业收到退还保证金时间，退还时效提升50%以上，助力企业复工复产。加强对关区实存资金银行账户的管理，做好实存资金银行账户新开、变更及撤销的申请与备案工作。完成关区5个单位6个银行账户的开立、撤销备案工作。按照《中国人民银行办公厅海关总署办公厅关于将行邮税纳入财关库银横向联网收缴入库的通知（联合签发）》（银办发〔2021〕123号）要求，财务处与关税处、省人民银行等部门联系配合，实现多系统顺利对接，顺利完成行邮税电子缴库改革。

【预决算管理】2021年，本级争取省、市财政补助资金创历史新高，同比增长262.65%。

关区当年财政资金预算执行率达99.72%，超全国海关平均水平4.56%，创历史新高，单项获总署考核满分。

在预算分配方面持续坚持向基层倾斜，同时坚持中央财政保障、地方补助支持及鼓励和支持事业单位发展等原则，进一步构建关区预算保障机制，提升事业单位保障能力。持续通过定期通报、约谈、预警分析、通知等有效措施，结合绩效管理，加强预算执行监督，全面有效提升预算执行进度和资金使用效益。

【国库集中支付管理】2021年，结合实际出台沈阳海关国库集中支付管理规范指引，为进一步推动关区财务规范化管理打下基础。

【涉案财物管理】2021年，持续完善涉案财物内控管理，修订《沈阳海关涉案财物拍卖企业选择规则》，制定《沈阳海关涉案财物管理工作联系配合实施细则（试行）》，结合《沈阳海关安全生产专项整治三年行动实施方案》，组织关区各相关单位开展涉案财物管理自查和安全检查。积极协调省打私办印发《关于依法组织处理非法入境固体废物有关事宜的通知》（辽打私组〔2021〕2号），推动"双无"固体废物移交地方处置政策落实。深化关地移交处置合作助力濒危水生野生动物保护，移交砗磲、玳瑁、斑海豹等濒危水生野生动物及其制品1,520件、95.85千克。开展长期在库涉案财物专项清理工作，集中销毁走私香烟1,093条。

【企事业财务管理】2021年，多次组织关区相关单位及部门对检验检疫环节收费进行自查和检查，对要求企业接受的第三方服务事项进行梳理，报备收费目录清单，开展口岸环节新冠病毒预防性消毒涉企收费情况排查等，有效确保国家减税降费政策落地生根，形成长效机制，坚决杜绝不合规、不合理收费。

按照总署关于印发《海关事业单位所属企业脱钩工作方案》的通知要求，研究制订沈阳海关事业单位所属企业脱钩工作方案。沈阳海关事业单位及所属企业经核准具有进出境检疫处理业务资质单位共4家，其中1家采取清理注销方式脱钩，3家采取业务剥离方式脱钩。

按照总署财务司、人事教育司联合发布的关于落实国有企业公司制改革有关事项的相关通知要求，研究制订了《沈阳海

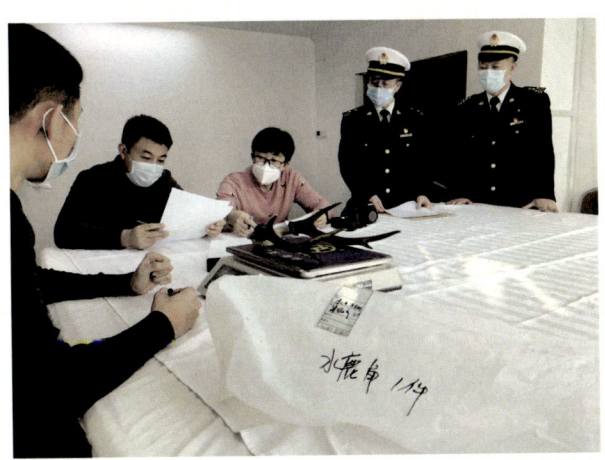

▲2021年1月，沈阳海关关员移交濒危野生动物

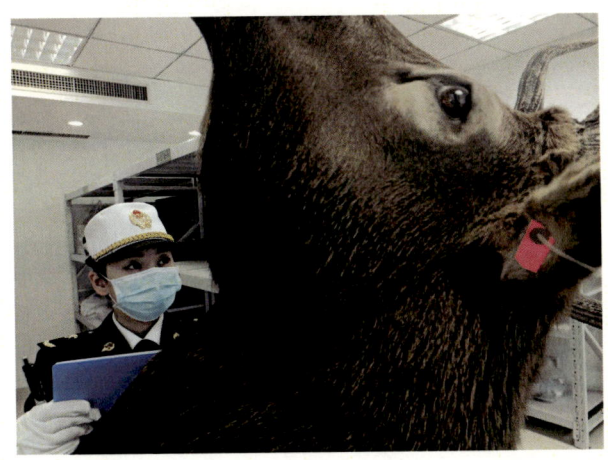

▲2021年11月，沈阳海关工作人员清点查获物品

关国有企业公司制改制工作实施方案》。截至2021年8月4日，沈阳海关已完成全民所有制企业改制工作，所属企业均为公司制企业。

【机关财务管理】2021年，出台沈阳海关严格贯彻落实"过紧日子"要求工作方案，采取6大类11项具体措施，引导关区全面持续贯彻落实"过紧日子"要求，本级全年一般性支出压减22%，成效凸显；进一步规范乘坐交通工具报销，印发关于进一步加强差旅费管理工作的相关通知，重申相关规定，切实加强差旅费管理。

【基建管理】2021年，修订《沈阳海关基建领导小组工作规则》《沈阳海关基本建设管理办法》《沈阳海关基本建设财务管理办法》等制度，持续加强对关区7个基建项目的职能管理，其中相关本级的保健中心改造和国家电子电器产品检测重点实验室改造2个项目的初步设计和投资概算、关区缉私业务技术用房项目的竣工财务决算获得总署批复；锦州海关实验室改造、沈阳海关关区缉私业务技术用房、抚顺海关综合实验楼老旧设施修缮和抚顺海关变电所移址增容4个项目的竣工财务决算和项目总验收按照分级审批管理办法完成审批。

【装备管理】2021年，优化关区车辆资产，关区全年更新车辆8辆，结合绿色采购、创建节约型机关要求，配备关区首辆新能源车辆。更新的8辆车辆包括沈阳海关本级更新车辆4辆，阜新海关更新车辆1辆，辽宁朝阳海关更新车辆1辆，沈阳海关缉私局更新车辆1辆，沈阳国际旅行卫生保健中心更新车辆1台。

开展关区政府采购专项检查，印发关于开展政府采购专项检查的相关通知，按照各单位自查、对部分单位实地核查、各单位落实整改3个阶段进行，进一步提升关区政府采购管理水平。

积极争取疫情防控专项，积极争取地方联防联控防疫物资保障支持，为关区调拨包括防疫物资、试剂、耗材等12个品类价值300万元防疫医疗物资。落实农副产品采购支持扶贫工作。全年关区17家单位832平台采购农副产品。

【资产管理】2021年，沈阳海关党委高度重视闲置房产的整合利用工作，第一时间成立沈阳海关闲置房地产整合利用工作组，推进闲置房产整合利用工作，组长由分管财务工作的关领导担任，成员为财务处、科技处、口岸监管处、督审处、各隶属海关及事业单位主要负责人。印发沈阳海关关于明确隶属海关房产类资产整合利用审批程序的相关通知、关于加强房产类资产管理的相关通知等文件，严格审批程序，规范处置收入，同时对房产建立档案，提高房产精细化管理水平。截至2021年年底，关区完成房产更名43处。2021年，铁西海关、抚顺海关、锦州海关、辽阳海关4个单位完成22处房产出租，签订9个房产出租合同。闲置房产的整合利用工作在总署财务司年度考核工作中取得满分成绩。

坚持"谁审批、谁负责"的原则,修订印发《沈阳海关公有住房管理实施细则》,严格房产整合利用审批程序,规范审批流程及处置利用收入管理,强化房产处置利用监督,完成关区12处房产处置利用审批,加强处置利用档案管理。结合巡视整改要求,完善交流干部使用公有住房审批程序,规范公有住房管理。

科技发展

【概况】2021年,沈阳海关科技工作以党建为引领,深入实施"科技兴关"战略,推进智慧海关建设,立足关区科技发展需要,对照《2021年海关科技工作要点》,积极提升科技支撑保障能力。

【安全工作】2021年,积极贯彻习近平总书记重要指示批示精神,全面落实总体国家安全观,扎实做好关区网络安全、生物安全及疫情防控等方面的科技工作。一是确保关区网络及数据安全。实施精细化管理,有效提升网络安全综合防御水平,圆满完成庆祝建党100周年网络安全保障、2021年度网络攻防演习等重点工作任务。组织开展网络安全检查和整改工作5次,全力做好"两会"、国庆、中国国际服务贸易交易会、全运会、十九届六中全会等重大活动期间的网络安全保障工作。创新形式办好网络安全宣传周,组织开展网络安全事件应急演练、网络安全培训,强化网络安全意识。加强海关业务网病毒木马防控,有效降低病毒感染率。梳理信息系统124个,完成清理账号授权1,620个。二是做好关区实验室生物安全工作。建立健全实验室生物安全管理制度,设立生物安全委员会,发挥生物安全责任人、生物安全监督员作用。规范实验前、中、后各环节操作,重点加强样品转运、环境消毒、废弃物及验余样品的消毒、回收等工作。加强应急响应能力建设,制订生物安全应急预案,并组织开展应急演练。三是科技保障疫情防控见实效。自主研发疫情防控作业(冷链食品)信息化系统,并推广至非冷链领域,开发疫情防控作业(非冷链)信息化系统,实现冷链食品及非冷链货物监管流程可追溯。旅客通关子系统从分布式升级至总署统一版,系统稳定性进一步提升。

▲2021年10月,沈阳海关开展网络安全事件应急演练

【智慧海关建设】一是强化重点信息化项目推广应用。上线推广H2018新一代通关管理系统,保障"两步申报""两类通关"顺利实施。优化智能审图算法,完成平台部署联调,实现同屏比对模块应用,口岸智能化水平上新台阶。二是推动智慧口岸建设。开发上线跨境大包裹分拣验放流程信息化应用,加快作业效率,智慧口岸建设水平进一步提升。部署核辐射物流监控子系统,实现监测智能化。三是提升办公信息化水平。做好署级项目运维,完成6个署级政务系统部署推广。参加总署统一门户技术平台试点,完成10大项、53小项数据测试。完成运行网域控制器升级,完成部署"紫光云"。四是加强视频监控运行维护。高质量完成第八批在韩志愿军烈士遗骸入境和疫情防控等重点保障工作。加强上联总署的1,164个视频监控点位日常巡检工作,视频监控平台平均在线率全年保持优秀。保障总署点名275次,关领导视频巡查51次。

【实验室建设】一是制定关区实验室发展规划。制定《沈阳海关"十四五"实验室建设发展规划》和任务分解,指导关区实验室整体发展。二是推进生物安全实验室投入使用。沈阳国际旅行卫生保健中心核酸检测实验室、移动P2+实验室、锦州海关综合技术服务中心核酸检测实验室顺利取得二级生物安全实验室备案资质,提升核酸检测能力和水平,核酸日检测能力增加至3,000份。三是提升关区实验室信息化管理水平。参与总署实验室管理系统（v2.0版）试点工作。四是做好实验室仪器设备论证及申报工作。完成2022年度46台（套）实验室仪器设备的预算论证工作。五是做好实验室安全防护工作。开展新冠病毒检测实验室每日巡查,加强人员防护、设备运行、实验操作等督导检查,消除隐患、确保安全。

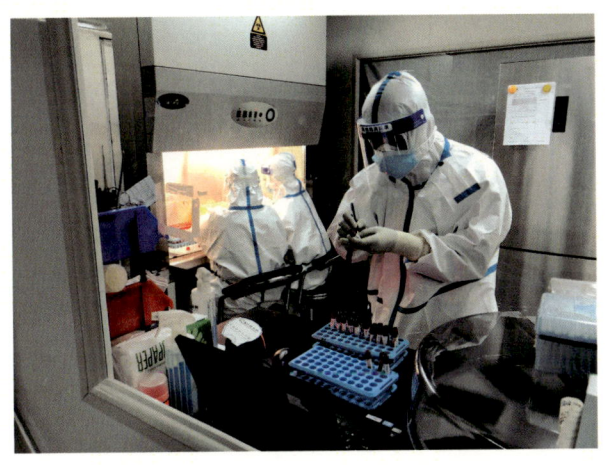

▲2021年11月,沈阳海关实验室人员进行实验室检测工作

【科研成果】一是获批立项数创新高。鼓励科研合作,拓展科研立项渠道。加强跨部门、跨单位的科研攻关和合作,4项科研项目获批总署立项,立项数同比增长300%。二是强化科研管理。推荐辽宁省科技进步奖三等奖1项,已通过省科技厅组织的会评;参与的1项科技成果获海关科技成果评定三等奖。做好项目审查,8个省部级科研项目通过验收。三是提升科技人员素质。邀请系统内外专家进行科技成

果评定、网络安全以及信息化运维等培训。2021年,开展科技人员跟班作业活动19批、25人次,收集并解决关级问题191个,报送署级问题18个,科技人员自身能力提升,科技保障能力进一步加强,基层科技应用体验显著提升。

督察内审

【督察监督】 2021年，沈阳海关选取4个重点方向组织开展专项督察工作，集中各业务条线骨干力量20余人次，先后开展了"进境高风险货物风险监测和预防性消毒措施落实情况""重大动植物疫情疫病传入传出和外来物种入侵措施落实情况""规范开展进境动植物源食品检疫审批和进出口食品化妆品安全监督抽检和风险监测计划落实情况""进出口商品检验关措施落实情况""进出口危险化学品监管措施落实情况"专项督察5次，发现"非洲猪瘟防控记录不规范""对企业申报审核不严格"等问题16个，均组织推动整改完毕。提出"强化监督检查，提升执法规范性""优化截获物业务系统，便于数据统计和对接"等意见建议8条。

【内部审计】 2021年，沈阳海关制订经济责任审计计划，抽调各领域业务骨干30余人次，先后对葫芦岛海关等5家单位开展经济责任审计工作，审计发现"履行重大决策部署""业务执法管理"等方面问题33个。

组织开展年度专项审计，采取"基层自查+职能检查+实地核查"相结合及"及时传达工作要求""及时掌握工作进度""及时解决工作问题"的"三个及时"工作方法，扎实有序推进专项审计工作。涉及推动重大决策部署贯彻落实、强化监管优化服务和贯彻执行中央八项规定及其实施细则精神等3个方面55项审计要点，自查发现"部分口岸传染病快速检测试剂过期""非医用口罩提供《共同声明》不完整"等13个问题，均已整改完毕。提出"加强自查与监督，提升风险防范能力"等整改建议3项，向总署反馈"食品安全方面""出口提前申报方面"等事项8项。组织6家事业单位14个实验室开展海关实验室建设专项审计调研。分3个阶段5个方面18项审计调研要点开展审计调研工作，自查发现"实验室生物安全标识不够完善""实验室设备老化"2个问题，均已整改完毕。提出"建议撤销国家伴侣动物传染病检测重点实验室"等3项意见及建议，并举一反三，修订3项规章制度，完善 5 份记录表格，及时查缺补漏，切实防范审计风险。

进一步加强沈阳海关内部督察审计人才库建设，采取"传帮带""老带新""以审代练"等方式培养各条线督察审计人才。配合署级审计工作，先后派出 5 名业务骨干参与总署"远程联网审计前期集中工作""经济责任审计"项目。全年，共组织 30 余人参与关级督察审计项目，顺利完成 5 项经济责任审计和 5 项专项督察工作，累计查发执法领域及非执法领域问题 64 个，进一步规范关区各项业务工作，提高督察审计专业化水平。

完成历史遗留问题的审计整改。针对总署审计发现加贸手册超期未开展周期性核销这一问题，关党委靠前指挥，先后召开关长办公会 2 次，召集 6 个职能部门和隶属海关进行工作研究和推进部署，通过成立整改工作专班，制订解决工作方案，采取人工计核、实地核查盘查等手段，最终完成了账册注销，补缴税款及缓税利息，实现了审计发现问题整改清零。

【内控建设】2021 年，沈阳海关以关区"职能监控清单"和基层科室"内控清单"为抓手，聚焦薄弱环节，突出务实管用，强化综合治理，有效织密关区风险防控网。推动建立《关区职能监控清单》17 份，清单项目 161 个，确立职能监控清单运行机制，强化"两张清单"联动管理，动态更新。制发《沈阳海关基层科室内控自查实施指引（试行）》，通过"1+12+74"实现路径，以点带面、分层推进基层科室建立内控自查"一科一清单""一科一模式"，实现关区 87 个基层科室全覆盖，共建立内控清单 87 份，清单项目 2,606 个。推进 3,275 个内控节点专岗负责、专人落实、定期监控。构建"岗位自控+科室监控+隶属关党委监督+联合再监督"综合治理体系，实现"正向监控+逆向监督"乘数效应，推动基层科室"内控清单"执行到位，2021 年以来，开展常态化自查 6,373 次，发现问题 536 个，要求企业补交监管证件 96 份。

开展 HLS2017 专项培训、授权清理，应用平台处置异常数据有效数 1,489 个，补税 432 次。强化监管证件管理，年内补证绩效增长迅速；拓宽业务风险分析思路，形成 63 份专项成果报告，涵盖综合业务、监管、企管等多个业务领域，持续提升系统应用效能，促进相关应用部门和单位完善内控机制建设。发挥专门监督防线作用，开展内控前置审核 15 批次，提出意见 8 条全部被采纳。

【执法评估】沈阳海关连续两年参与署级执法评估项目，形成的《全国保证金专题评估报告》和《全国海关进出口食品安全监管情况专题评估报告》评估工作报告得到署领导的肯定批示，不断提升评估能力。聚焦海关管理实效，追踪关区业务热点，开展辖区内综合保税区运行状况专题评估项目，形成《沈阳海关关于推动沈阳综合保税区高水平开放高质量发展有关建议的报告》。推进实施关区执法评估项目清单管理，统筹推进关区执法评估工作在执法一线有序开展，《沈阳关区中欧班列业务运行情况执法评估报告》和《沈阳海关所辖抚顺地区原产地证签证业务执法评估报告》2篇执法评估报告被总署选用。

第六篇

直属企业事业单位和群众团体

沈阳海关后勤管理中心

【概况】根据《中央编办关于海关系统事业单位整合调整事宜的批复》（中央编办复字〔2019〕33号）、《海关总署关于沈阳海关所属事业单位整合调整事宜的通知》（署人发〔2019〕103号）文件，沈阳海关后勤管理中心（以下称"后勤管理中心"）为沈阳海关所属事业单位。内设7个科室，分别为：办公室、财务资产部、采购部、基建物业部、后勤服务部、总务保障部、经营发展部。下属2个经济实体，分别为沈阳国海综合服务有限责任公司、沈阳盛海酒店有限公司。

后勤管理中心的主要职责为：负责中心本级及下属经济实体的日常经营管理，监督各隶属海关经济实体经营情况，合同制人员聘任管理；沈阳海关机关区域相关房产的物业管理和公共设施的管理和维护保养；实施沈阳海关机关的基建和政府采购项目；负责涉案财物的仓储管理；负责沈阳海关机关公务车辆及驾驶员管理，食堂等服务场所运营管理，制式服装及办公家具和用品管理；负责沈阳海关机关交流干部相关服务保障；承办沈阳海关交办的其他工作。

后勤管理中心现有事业编制人员30人。2021年4月起，副主任马磊调入后勤管理中心负责全面工作，分管财务资产部、后勤服务部；副主任李旭分管采购部、经营发展部；副主任蒋宁分管办公室、基建物业部、总务保障部。

【政治建设】后勤管理中心党支部共有党员28人，设立5个党小组，为关区第一批"四强"党支部，沈阳海关先进基层党组织。中心不断深入政治机关建设，认真学习习近平新时代中国特色社会主义思想和党的十九届历次全会精神，严肃认真落实"第一议题"制度，常态长效执行"第一议题"制度，将理论学习与实际工作相结合，对标关党委工作部署，聚焦主责主业，提高自身的党性修养和业务工作能力。中心班子发挥"头雁作用"带头维护党的领导，强化使命担当，牢牢把握海关后勤的政治属性，从关情实际出发，因时制宜、科学谋划，在实际执行中一以贯之，落实好第一方阵的职责和使命，引导全体党员干部不断增强"四个意识"，坚定"四个自信"，做到"两个维护"。严格落实中心"三重一大"事项决策制度，坚持民主集中制原则，严防非执法领域廉政风险。中心班子严格落实主体责任和监督责任，认真履行"一岗双责"，与党委第一派驻纪检组和事业单位监事组建立工作联系机制，主动接受监督，深入开展警示教育，做好"八小时"以外廉政提醒，筑牢拒腐防变的思想底线。在日常工作中充分运用"第一种形态"，让"红脸、出汗"成为常态，充分发挥党支部对党员的教育、管理、监督和服务作用。

【制度建设】坚持以用制度管人、管事、管钱的指导思想，根据沈阳海关机关上位制度，结合中心实际，制定《后勤管理中心贯彻落实"三重一大"制度实施办法》《沈阳海关后勤管理中心绩效考核管理办法》《后勤管理中心经费审批管理办法实施细则》《后勤管理中心职工医疗补助办法》《后勤管理中心内部控制规范》，完善《后勤管理中心印章管理和使用办法》《后勤管理中心非政府采购实施细则》《后勤管理中心医疗补助办法》等相关内部管理制度。

【国企改制和企业脱钩】2021年，完成下属国企改制和企业脱钩。制订国企改制"一企一策、一项一议"总体改制推进方案，明确改制工作主线流程，串联关键节点，编制工作指南，既遵循市场经济规律和企业发展规律，又强化对下属企业的制度指导和资本监管，提前3个月全部完成中心下属6家国有企业公司制改革工作，为后续推动改制企业高质量发展夯实基础。按总署要求，第一时间终止系统外单位委托开展的全部消杀工作，并同步开展经费结算等工作，完成相关人员安置和消杀资产处置，撤销相关进出境检疫处理资质，取消所有项目收费公示，停用名称、商标、标识，按要求完成公司注销清算。

【国家电子电器重点实验室和保健中心实验室改造项目】完成沈阳海关国家电子电器重点实验室和保健中心实验室改造项目的初步设计、投资概算编制、项目深化设计、工程量清单编制等工作。严格按照省市有关招标工作要求和海关基建项目管理要求，组织完成了项目招标工作，现已完成合同签订及首笔工程款项支付，并进入施工准备阶段；此外对基建管理相关制度要求进行全面梳理，对前期工作进行自查，制定执行层面内控措施，加强内控管理。

【巡视整改落实】按照巡视整改要求，针对巡视提出的问题，逐条细化整改措施，明确整改时限。完成沈阳海关机关本级38辆公务用车定位（GPS）设备安装，定期对安装车辆行程轨迹进行抽查；以《沈阳海关公务用车使用管理办法》为基础，以问题为导向，以解决问题为目标，对沈阳海关机关本级公务用车使用管理环节进行梳理自查，制定《总关车队公务用车使用管理细则》，认领问题18条，其中主办2条、协办5条、举一反三自查11

条，涉及立行立改事项已全部完成，涉及长期问题取得阶段性成效。

内部安全生产工作。将安全生产理念贯穿到后勤工作的全过程，压紧压实各岗位安全责任，提升全员安全防范意识。制定33条关级安全生产内控节点，完善《防汛应急预案》《消防应急预案》等安全管理制度，统筹楼宇园区出入、设备设施运行、食品卫生、公车使用等安全管理工作，加强重要活动、重大节日、极端天气等时段的安全巡查，对沈阳海关机关地下机房、水电燃气、电梯、空调、监控等安全生产重点领域和关键环节开展全面梳理排查，做到立行立改、妥善解决、不出问题。编制《办公场所内部安全防范排查表》和《公务用车基本信息表》，围绕办公场所、设备设施、物业管理、公车使用和其他存在的安全隐患及应对措施等10个方面、23项内容，组织各隶属海关单位对内部安全情况进行统一排查和摸底，实地调研部分隶属关内部安全工作情况，实地检查疫情内部防控、办公场所管理、公务用车使用等内部安全防范重点工作开展情况，形成关区安全情况分析报告，为关领导决策提供依据和参考。

【内部疫情防控】完成部署红外体温快速筛查系统、实行外来人员三码联查、每日分两个时段对办公区域及公共场所进行预防性消毒、增加办公场所和高频接触物体表面消毒频次等多项举措，全面筑牢办公区域管理防护；严把食品卫生安全关，形成食材采购、储存、加工全链条管控，采取制作就餐隔断、设置一米线、错时就餐储备物资等方式，实现堂食与分餐制快速切换；坚持合同制人员健康日报告，严格中心内部人员外出审批程序，定期组织合同制人员开展核酸检测，确保第一时间落实关区疫情总体部署。沈阳海关机关全年测温人数近10万人次，办公场所消杀共计1,880次，累计面积1,599万平方米。

全年共采购防疫物资口罩类6.6万片、防护服0.4万套、防护手套5.9万双、防护面屏1.9万个、防护鞋套2.1万双、反穿隔离衣0.9万件、消毒液550桶、病毒采样管4.5万支等。做好总署应急物资装备（沈阳储备库）的及时调拨、日常仓储保管，认真履行验收、入库、出库职责，全年累计为口岸一线及沈阳海关机关各部门配发防疫物资124批次，其中口罩类10万余只、防护服0.6万件、一次性医用手套1.8万双、防护面屏0.6万个、防护鞋套0.3万双。

【政府采购和涉案财物仓储管理】严格落实关区"过紧日子"要求，在采购环节严格把关、采购物品实用、价格优的商品，保障了财政资金的有效使用，全年共完成政府采购任务33笔。全年共完成涉案财物库房普通库入库49批、出库27批；贵重库入库90批、出库133批，配合涉案财物主管部门完成移交出库香烟制品1,094条、濒危水生动物及制品1,487件、濒危陆生动物制品 805 件。

【维修和物业维运工作】完成沈阳桃仙机场海关机场路办公区中央空调系统维修、机场实验室核心区净化空调升级改造，缉私局外墙维修、警务技能业务用房改造，解决机场路办公区配电室地下漏水、对浑南海关外墙安全隐患进行应急处理等。完成办公楼宇的水、电、暖等物业管理服务和日常设备维修维运等工作，组织开展电梯系统、消防系统、监控系统改造和维保工作，做好中央空调消毒、地下板式换热器清洗、灭火器维护、变压器预防性试验、柴油发电机维保、无烟区规划、地上车牌识别系统安装等，为干部职工提供安全舒适的办公和生活环境。截至年底物业维修 1,200 余次，各项会议及活动会务保障近 600 场次。

【财务预算管理】严格控制基本支出，配合财务部门有效盘活闲置资产，提高资金使用率。将制止餐饮浪费行为纳入食品采购、加工制作、供餐服务全过程，实现精准保障。全年累计压缩办公用品支出 31%，压缩日常消耗品和维修支出 20%。

【公务车辆管理】按照公务用车管理工作要求，完成沈阳海关机关本级 44 台公务车辆（含其中 15 台公务用车的使用管理）的油料、保险、维修和 ETC 费用缴纳工作。对关区 3 台公务用车进行报废处置，1 台公务用车进行拍卖处置，并更新购置 4 台车辆。

【创新民生服务】研发网上商城系统和订购小程序，整合后台管理和前台销售、购买、支付等功能，丰富食堂外卖、团购品种，突出自加工特点，针对不同传统节日，增加特色食品，创新"服务+"系列民生举措，逐步实现集成化、智能化服务。

中国电子口岸数据中心沈阳海关数据分中心

【概况】中国电子口岸数据中心沈阳海关数据分中心（以下简称"数据分中心"）成立于2002年，下设办公室、业务部两个部门，2013年出资成立下属经济实体。数据分中心为沈阳关区电子口岸应用项目推广和服务，参与沈阳海关的各项应用软件开发和技术服务工作，并承接其他应用软件开发及技术服务工作。近3年来，参与辽宁省国际贸易"单一窗口"、自由贸易试验区、综合保税区近海园区、综合保税区桃仙园区、95198热线服务等项目建设，研发了沈阳海关疫情防控作业（非冷链）信息化系统、疫情防控作业（冷链食品）信息化系统、跨境电商出口商品清单布控定位分拣信息化系统、沈阳海关业务运行监控预警模块等管理平台，为关区内10余家企业提供技术运维服务，先后为关区内相关部门研发了各类信息管理系统10余个。

【党的建设】2021年，数据分中心认真学习贯彻习近平新时代中国特色社会主义思想、《习近平谈治国理政》第三卷，以及习近平总书记重要指示批示精神；深入学习贯彻全国海关党的建设工作会议精神以及沈阳海关从严治党工作会议精神为依托，严格落实"三会一课"制度，借助e课堂、交流讨论、现场答题、网络微课堂等形式，开展多种形式活动，并通过自学以及定期上报学习心得体会，巩固学习教育成果，强化支部建设基石。借助"我为群众办实事"实践活动，在电子口岸窗口发放调查问卷，根据不同企业类型和具体业务问题，开展企业宣讲小课堂，面对面解决企业电子口岸卡使用问题，让企业更加了解电子口岸卡用途。充分利用"学习+实践"的手段，提升党性修养锻造队伍建设，引导中心全体党员干部不断提高政治站位，强化担当奉献精神。

制定数据分中心月度党建工作指引，以开展经常性交流谈心、组织生活会为手段，及时了解党员群众的思想动态以及客观需求，充分利用党史学习教育这个有利契机，推进青年理论学习提升工程，并结合"七一"这个关键节点，开展"学史·

铸魂"红色讲坛活动，不断提升全体党员干部党性修养，补精神之"钙"、固思想之"本"；截至10月31日共计召开支部党员大会12次，党日活动10次，党课3次；学习党史累计265次，参加党史知识测试9期，纪法考试2次，自行组织的测试8期，参观沈阳二战盟军战俘营旧址、辽宁省庆祝中国共产党成立100周年主题展览、辽宁省科技馆等教育基地3次。

研发数据分中心内控督办系统，利用该系统对照数据分中心涉及的12个业务领域，52个岗位，20个节点，完善内控工作体系，通过运用自查复核、文件核查、数据分析、实地检查、访谈询问、跟班观察、穿行测试等评价方法，强化党建、业务融合。

【科技服务】2021年，数据分中心坚持以党建为引领，以问题为导向，以"科技+服务"抓手，提升自身"科技+海关"运用能力，深入研究如何利用科技手段更好地为解决"深化'单一窗口'建设""冷链食品监管中疫情防控作业信息化系统的推广和应用""深刻理解、准确把握'三智'理念，强化监管优化服务""好差评系统应用"等重要问题做好服务。

全年，沈阳电子口岸新增入网用户949家，新办电子口岸卡1,891张，同比减少18%，累计入网用户18,224家，累计制发卡69,261张。通过电话、微信群、"单一窗口"运维服务管理平台等方式对企业提出的问题进行解答，全年共解答企业咨询及问题400余次，通过该系统为企业解决问题工单200余次。为70家企业申请跨境电商出口ID 55个，申请跨境进口ID 60个；为51家企业申请办理跨境数字证书，为2家企业二级节点企业端DXPID号进行配置，为6家企业跨境企业端DXPID号进行账号配置、权限分配。补录缺失跨境系统数据，保证了企业通关时效性。截至年底，补录数量1,865票。

【疫情防控】2021年，数据分中心落实沈阳海关及地方政府疫情防控要求，配合沈阳市政务服务中心，做好每日工作人员身份登记工作，建立每日健康情况报送制度，要求上下班途中、进入办公楼、乘坐电梯、参加会议、外出期间一律佩戴口罩，特别是窗口一线业务人员必须全程佩戴口罩。有序推进疫情期间业务开展，转变工作思路，重点研究业务改革，推行实施线上与线下相结合的"互联网+"工作模式，创新服务理念，确保对外服务业务顺利开展。

沈阳海关技术中心

【概况】 沈阳海关技术中心（以下称"技术中心"），内设6个科室，分别为综合部、市场部、理化检验实验室、金属材料与化工检验实验室、动植物与微生物检验检疫实验室、电子电器检测实验室。技术中心负责为海关执法提供综合技术服务；负责海关的实验室检测和鉴定工作；负责开展研究咨询分析工作；负责科研和相关技术性标准的开发与服务；负责商业性自愿委托检测和鉴定。

【在进境鸡雏中检出禽白血病病毒27批抗原14项次】 2021年，技术中心动植物与微生物实验室技术人员按照总署2021年进境禽类传染病监控计划，对铁岭某企业引进新西兰鸡雏开展各项传染病的实验室验证检测工作，完成了禽流感、新城疫、禽白血病P27抗原、鸡白痢和禽伤寒等10个项目的检测工作，并检出了禽白血病P27抗原阳性样品。禽白血病为中国动物检疫疫病名录中的二类动物传染病，这是全国海关首次在进境的种鸡雏中检出禽白血病。

【组织开展国门生物安全标本展】 2021年，为了展现2020年沈阳海关国门生物安全监测成果，普及国门生物监测及植物有害生物检疫知识，技术中心对2020年在国门生物安全监测工作中发现的昆虫、杂草等有害生物进行制作整理，共制作标本150多盒，展出草地贪夜蛾、桔小实蝇、美国白蛾、刺萼龙葵等标本200多种。2021年3月，在沈阳海关关史展室展出，展览期间共接待关员及关员子女等参观人员300多人次。

【取得批准筹建总署进口废弃机电产品属性鉴定常规实验室（沈阳）资格】 2021年，技术中心进行充分验证后，于2021年9月，报请沈阳海关向总署请示设立总署进口废弃机电产品和设备属性鉴定常规实验室（沈阳）。11月9日，总署科技发展司批准筹建该实验室。技术中心从实验室管理、基础设施建设、仪器设备配置和技术人才队伍等方面开展建设工作，并12月17日，向总署申请实验室验收。

沈阳国际旅行卫生保健中心

【概况】 沈阳国际旅行卫生保健中心（以下简称"保健中心"），是沈阳海关直属事业单位。下设6个科室，分别为办公室、综合业务部、口岸防控部、体检部、检验部、医务室，现有事业编制干部职工21人。保健中心的宗旨和业务范围是：为防止疫情传播提供国际旅行卫生与检验保障，承担所辖地区传染病监测与健康体检、旅行预防接种、卫生健康咨询、医疗保健门诊服务，卫生检疫技术科研开发与技术指导服务。

【党的建设】 2021年，保健中心持续开展"党史学习教育"，围绕"庆祝建党百年"系列活动，加强精神文明建设。保健中心党支部"清风藤"党建品牌为全国海关基层党建示范品牌，实验室检测组获评"2020年度全国海关系统抗击新冠肺炎疫情先进集体"，检测组组员李莎获评"2021年度沈阳海关'两优一先'优秀共产党员"，并获得总署政治部通报表扬。支部书记张波党建心得《如何激励事业单位中高学历专业党员发挥人才优势，激发内升动力》入选2021年度总署支部书记百问百答。

【业务管理】 2021年，保健中心完成出入境人员监测体检7,703人次，同比减少8.8%；实施疫苗预防接种6,943份，同比减少7.08%。其中，法检人员体检1,265人次，同比增加64.29%；接种191份，同比减少30.55%。此外完成韩国签证体检8,464人次，同比增加117.92%。出入境人员传染病监测体检检出情况：检出传染病例71例，其中HIV阳性1例、梅毒14例、肺结核19例、病毒性肝炎37例。另检出乙肝表面抗原阳性122例。

2021年，接收机场口岸送检其他检疫监测传染病634项次，接收中心送检痰液样本16份。口岸送检样品检出登革热阳性1例、疟原虫阳性2例。

2021年，媒介生物实验室接收机场海关及锦州海关送检蝇842只、蚊61只、蜚蠊116只、鼠7只。鉴定结果有雨兆花蝇、横带花蝇、红尾粪麻蝇等十余种蝇类。此外还鉴定出了淡色库蚊、德国小蠊等。2只鼠样本病原体检测为汉坦病毒阳性。

加强实验室基础建设。按计划完成实

验室深化设计方案，为大南办公区6至8层实验室改造项目做好准备。实验室顺利通过国家认可委员会专家组的现场评审，首次独立获得ISO/IEC 17025认可证书；参加国家卫健委临检中心组织的新冠病毒核酸检测、糖化血红蛋白、感染性指标A、C系列、常规化学、血型和尿液化学分析、抗酸染色及核酸检测（非病毒）等项目的考核；辽宁省临检中心组织的新冠病毒核酸检测、常规化学、全血细胞计数、尿液化学分析、临床免疫学等项目的考核，所有考核均获通过。保健中心在国际旅行宣传、疫苗接种与急救、人员及疫苗接种资质以及实验室病原体检测项目等方面均已达到核心能力建设要求。医学媒介生物鉴定与检测能力还在持续提升中。

加强制度建设，规范管理。按照《沈阳海关事业单位岗位设置工作实施方案》的统一安排，完成保健中心岗位设置，完成事业单位法人的变更，组织保健中心全部在职人员签订了聘用合同。落实总署要求，保健中心所属评估中心已彻底完成规范清理任务。

做好日常工作，提高工作效能。结合保健中心工作实际，开展全面排查，重点关注疫苗存储、接种，实验室生物安全管理，院感防控等方面安全风险；建立健全安全管理相关制度，制定完善各类应急预案，组织开展应急处置演练。持续做好对外签证体检工作。依托新冠病毒检测资质，加大面向社会新冠病毒检测服务力度。做好疫苗储备，对HPV一类市场供应紧张的疫苗加大采购力度，满足群众需求。

【疫情防控】2021年，实验室共收样检测新冠病毒核酸样本179,482份。其中，口岸送检新冠病毒核酸检测样本58,819份；新冠血液抗体检测样本7,025份，其中口岸送检6,676份。

做好新冠病毒检测实验室安全运行保障。保健中心机场新冠病毒实验室，先后完成了核心二区、核心三区的负压排风系统工程改造、视频监控系统工程改造，加强生物安全。为规范大南本部和机场两处实验室的医疗废弃物处理，重新购置专用医疗废弃物转运容器、转运车辆，重新规划转运车辆路线等；先后完成全自动凝胶成像仪、全自动核酸提取仪、荧光定量PCR仪等共计十余台（套）设备的安装使用。

完善新冠病毒检测实验室相关资质。将机场实验室的新冠病毒检测资质变更至"保健中心"医疗机构名下，使得保健中心出具的核酸检测报告符合国家和省卫健委的要求。推动移动P2+实验室的建设使用并取得资质。中心3人次参加了辽宁省卫健委组织的"辽宁省临床基因扩增检验实验室技术培训"，所有参与新冠病毒核酸检测的技术人员，均已取得了PCR上岗资质，有效提升了实验室技术能力。

完善疫情防控相关工作制度。建立完善保健中心"安全防护三级监督"等各类安全防护监督管理制度。落实院感各项要求。及时更新总署下发的各项工作规范，跟进地方卫健委对医疗机构的要求，认真做好预检分诊工作，定期开展全员核酸检测，严密监测工作人员健康状况，强化院感培训，做好环境监测。

积极加强与属地联防联控沟通机制。2021年7~12月期间紧急承接了沈阳市政府的委托项目，即为沈阳国际空港口岸高风险人群进行新冠病毒核酸监测。共计完成新冠病毒核酸检测样本12万余份/50余万人次，收获经济效益的同时，也取得了良好的社会效益。

沈阳海关学会（群众团体）

【概况】沈阳海关学会是沈阳海关党委领导下的从事海关学术理论研究和海关工作的群众团体。作为中国海关学会的团体会员，在中国海关学会指导下开展群众性理论研究和对外交流。按照沈阳海关、中国海关学会和中国海关学会大连分会关于加强政策理论研究工作的部署，组织和开展海关管理的理论和实践问题，海关监管技术问题等的研究。

【征文工作】2021年，沈阳海关学会在中国海关学会"海关在总体国家安全观中的历史使命与责任担当"的主题征文活动中，共征集论文81篇，经论文评审委员会专家评审，共评出关区一等奖2篇、二等奖6篇、三等奖11篇、优秀奖21篇；向中国海关学会大连分会推荐论文8篇，分别获大连分会一等奖2篇、二等奖1篇、三等奖5篇；由大连分会向中国海关学会推送3篇，获中国海关学会优秀奖2篇。

在建党100年理论文章征文活动中，共征集并报送论文24篇，其中葛芯岚撰写的《解放战争时期东北海关的建立及对外贸易研究》获中国海关学会优秀奖并入选《庆祝中国共产党建党100周年征文集》。

【组织工作】组织召开了沈阳海关学会第三届第二次全体代表大会。会上通过了《沈阳海关学会章程》（修订案）和5名理事辞去海关学会理事职务的申请以及12名新理事的增补。

【志书工作】按照沈阳海关统一部署派员参与海关志及辽宁省志、辽宁年鉴的编撰工作，顺利完成《辽宁省志·沈阳海关卷》相关史志撰写的收尾工作。

第七篇

各隶属海关单位

沈阳桃仙机场海关

【概况】沈阳桃仙机场海关前身为沈阳海关驻机场办事处，2003年7月经国务院批准调整为正处级海关单位，办公区位于沈阳市浑南区桃仙街道，主要承担沈阳国际空港进出境运输工具、旅客及货物的通关、监管、检疫、查验工作，曾荣获全国精神文明建设工作先进单位、全国海关系统先进集体、全国海关系统抗击新冠肺炎疫情先进集体等多项荣誉称号。

2021年，沈阳桃仙机场海关共监管进出境货物2.2万吨，同比增长31%；货值60.33亿元，同比增长14.8%；审核报关单3.09万票，同比增长4.7%；征收税款5.28亿元，同比增长11.7%；监管进出境航班1,015架次，同比下降48%；监管进出境人员7.69万人次，同比下降75.52%。

【党的建设】2021年，沈阳桃仙机场海关与沈阳桃仙机场海关缉私分局、沈阳出入境边防检查站、机场安检等单位共同举办"学党史 守空港"等系列党史学习教育；打造"我是党员我宣讲"党史学习教育品牌，通过党员讲党史、诵读红色经典、图书漂流、知识抢答、掌上微课堂等方式开展学习；组织党员到中国医科大学校史馆、中共满洲省委旧址纪念馆、沈阳审判日本战犯法庭旧址陈列馆开展体验式党史学习教育；开展"铭记党史百年路 争当新时代先锋"主题团日活动，"云参观"西柏坡中共中央旧址和沂蒙精神展览馆，并以"快问快答"形式检验学习效果。

发挥"四强"党支部示范带动作用，建立以强带弱、结对指导、观摩参观等工作方法，带动各支部争创"四强"党支部，沈阳桃仙机场海关综合业务科、旅检一科党支部通过"四强"党支部复核，旅检一科党支部通过沈阳海关基层党建示范品牌复核；组织开展"建功新岗位，迈向新征程"主题迎新活动、"文明新风 志愿有我"学雷锋志愿服务活动、"巾帼风采、花开空港"三八妇女节活动等主题党日、团日活动，不断激发支部创建活力；扎实做好旅检一线人员封闭管理期间党建工作，探索建立封闭管理党支部"党建+疫情防控"工作法；通过"云直播"方式开展"好书共读、好文共赏、好歌共唱"

"观奥运、思强国"等特色活动，组织开展"21天培养1个小技能"成果展示主题党日，有效提高党员参与度；与边检、航空公司、物流企业等结成共建对子，共同开展党史学习教育、定期进行交流研讨、联合进行队列训练、监管与服务互学互助等活动。

【监管业务】2021年，沈阳桃仙机场海关通过细化监管工作方案，明确进出境货物在停机坪、海关监管仓库、物流卡口之间各环节的监管线路、边界、节点、方式，实现全流程监管闭环；抽调运输工具监管、物流监控、审单、查验等岗位业务骨干组成工作专班，采取单科室独立、多科室联合、专班协同配合等多种作业模式，运用数据跟踪、实地监管、视频监控等手段实现有效监管；形成常态化监管机制，根据航班货物类别、风险等实际制订月度监管计划，确保对各时段的定班航班、"客改货"航班及货运包机的机载货物监管到位。

对进出境航空器、人员及行李物品实行分类检疫监管，将监管对象通关流程分解为7个监管环节和14个关键节点，明确各岗位执法边界和任务分工。根据进出境航班及人员风险调配监管人力，通过视频监控、登临检查、机动巡查、派员值守、通道监管等方式，实现定点监管与岗位联动有机结合，防止产生监管盲区。深化配合机制，加强与机场边检、公安、安检、航司、物流及地面服务部门的联系配合，增强监管合力。全年，沈阳桃仙机场海关共征收行邮税198票，税款52.06万元。

【查缉走私】2021年，沈阳桃仙机场海关组织开展"国门利剑2021"专项行动和"龙腾行动2021"，查获侵犯知识产权商品8,100余件；深化全员打私工作机制，加强情报共享、风险研判、案件移交、调查取证、后续处置等环节的联系配合，形成打私合力；邀请法规、缉私等部门对一线关员执法程序、法律依据等重点内容进行专题培训，提高案件办理能力。全年，共办理"两简"案件10起，向缉私部门移交案件线索4起，其中刑事立案3起、行政立案1起。

【卫生检疫】2021年，沈阳桃仙机场海关共对入境人员采集口咽/鼻咽拭子样本4.44万人次；进行除新冠病毒以外其他传染病检测153人次，检出登革热、疟疾等蚊媒传染病30例。9月2日，沈阳桃仙机场海关圆满完成第八批在韩志愿军烈士遗骸入境监管工作任务，并在全国海关监控指挥中心首次会商会上作为先进典型分享经验。

按照总署关于采样检测和预防性消毒监督要求细化工作方案和配套操作指引，健全进境货物卫生检疫工作制度；结合检疫流程明确各岗位具体任务、操作步骤、防护要求；结合货运监管场所布局合理规划人员行进路线，防止交叉流动；将预防性消毒监督作业嵌入现场查验过程中，减少装、卸货环节，快速规范完成现场作业。

按照总署作业指南有关规定调整完善工作机制，规范开展卫生监督工作；做好入境航空器固液体废弃物处理监督，加强口岸生活垃圾、餐厨垃圾、涉疫医疗垃圾及国际航班垃圾污水进行风险研判，严控处置流程，实现各环节闭环式管理；做好进境空载集装器新冠病毒采样和预防性消毒监督，明确核酸检测、预防性消毒确认等环节的操作顺序及采样部位、数量，在符合作业要求的同时不断压缩工作时长。

卫生检疫人员进组前进行"滚动式"培训，重点对防护装备穿脱、现场业务工作流程及操作等方面内容进行培训考核，持续强化队伍业务能力和安全防护规范化水平；开展负压采样区升级改造及卫生检疫区域调整优化工作，配齐各类防护物资、脚踏式医疗垃圾桶、自动免洗手部消毒器等工作用品，安装"三合一"岗位透明物理隔断及辅助通话设备，现场设置指示标识、名称标志、警示标牌；通过关领导带队监督检查、接班科长和业务骨干指挥中心远程"挑毛病"实现精准监督，同时加强与沈阳海关二级监控指挥中心上下联动，充分发挥三级监控指挥中心作用。

沈阳桃仙机场海关共对148批进口高风险非冷链货物进行新冠病毒采样和预防性消毒监督，累计采样2,665个，检测结果均为阴性；共开展空载集器采样和预防性消毒监督9次，对18个空集器采集样品144个。

【动植物和食品检疫】2021年，沈阳桃仙机场海关组织开展"食品安全周"等系列宣传活动，根据航食企业、餐饮企业、食品销售企业的食品安全风险特点制订监督检查计划，进行针对性现场监督检查和食品安全抽检，共开展食品安全抽检149批次，检出不合格4批次；规范做好口岸病媒生物监测，防范病媒传染病传播，共开展监测34次，捕获病媒157只，检出鼠类汉坦病毒阳性2例；按计划对候机大厅和VIP休息室等公共场所开展温湿度、一氧化碳、二氧化碳等空气质量和微小气候检测，对航站楼中央空调系统运行情况进行监督，确保通风系统符合卫生要求。

发挥风险分析作用和监管设备效能，加强非洲猪瘟、禽流感等疫情疫病防控，严防外来物种入侵；加快推进货运现场口岸检疫初筛实验室硬件建设，完善旅检现场植物检疫初筛实验室功能，着力提高有害生物检出能力；沈阳桃仙机场海关共截获需检疫动植物及其制品230批次，其中种子繁育材料37批次，检出外来有害生物16批次。

加强单证审核和核查比对，对出口防疫物进行资质量监管，对防疫物资是否有超出保质期、破损、侵权及以次充好等情况进行检查。全年，沈阳桃仙机场海关共查获不合格口罩22.5万个，查获不合格进口预包装食品54箱。

【优化营商环境】2021年，沈阳桃仙

机场海关建立完善了通关数据监控机制、研讨交流机制等，精准发现问题、及时修正偏差，推动工作目标按时保质完成；对内细化航空器申报、舱单核注、货物申报、查验放行等环节工作职责，确保科室间配合紧密、岗位间衔接有序；对外畅通问题反馈渠道，实时在线解决企业问题，推广好的经验做法，对超20小时未申报企业及时提醒；加强政策解读和业务指导，规范航空器动态信息传输提高提前申报比例，引导企业选择"两步申报"模式报关，利用舱单"一对多"功能压缩通关时长；运用进口空运转关货物"空中放行"业务模式压缩转关在途时长。12月，沈阳桃仙机场海关进口、出口整体通关时间分别为17.93小时、0.29小时，进口整体通关时间连续8个月保持在20小时以内，在全国空港口岸位居前列。

在旅检现场安装无线网络及自助申报设备，方便旅客进行健康申报；设置老幼病残孕旅客专属服务区和专门工作台，为行动不便或不会使用智能手机的旅客提供帮助；安排熟悉外语的关员为外籍旅客耐心做好指示引导和问题解答，协调机场急救中心、边检、公安和航空公司对需要急救的入境旅客提供全程快捷通道服务。

加强与企业沟通联系，通过发放问卷、走访调研、座谈交流等方式，全面深入了解企业对海关工作的实际需求和意见建议，解决企业的实际困难，健全"问题归零"工作机制，为重点企业提供"一企一策"量身定制式服务，充分发挥海关作用帮助企业实现更好发展。

落实公共场所卫生许可"承诺告知制"改革和自贸区书店"审批改备案"改革任务，大幅压缩卫生许可审批时长，为企业减负增效；应用新一代减免税管理子系统办理减免税担保业务，简化业务办理流程，有效降低企业的通关人力和时间成本；推广应用"互联网+海关"平台，指导企业对报关及舱单传输过程进行有效监控，保障通关顺畅。

组织开展"宪法宣传周"活动，在旅检现场向进出境旅客发放法治宣传材料，在货运现场开展送法进企业活动，大力弘扬宪法精神，增强社会宪法意识；组织全体关员深入学习总署下发的海关办理行政处罚案件相关文件，严格规范执法行为，确保依法依规监管；邀请缉私等部门为一线干部职工讲授法律知识，进一步提升工作人员依法履职能力。

【口岸发展】2021年，沈阳桃仙机场海关助力"客改货"、货包机业务大幅增长。做好对航空、报关企业的政策宣传，指导开展新开航线备案、航空器动态信息申报、货物归类、报关单证准备等工作；加强与口岸、边检等部门及机场、物流、航油企业配合，及时做好各项通关保障；针对货运航班多在夜间起降的实际情况，合理调配旅检、货运检疫监管人力保障机组及货物全天候快速通关。全年，共监管货运航班641架次，同比增长472%。

梳理开通跨境电商业务工作事项清单，帮助企业解决平台对接、数据传输等问题，推进完成场所升级改造并通过验收；建立完善快件、跨境电商货物标准化通关方案，明确各岗位职责，细化监管规程、作业标准、作业指导书、系统操作步骤，保障业务顺利开展；向跨境电商平台企业及货运代理企业宣传跨境电商业务海关监管政策及通关流程，推动实现快件、跨境电商业务健康发展。

发挥口岸功能作用，推进进口水果、冰鲜水产品、食用水生动物指定监管场地改造，推动场地布局优化及设备设施升级，促进空港空港经济多元化发展；充分发挥航材保税仓库功能作用及属地查验改革红利，指导企业用好保税维修货物监管政策，助力空港飞机维修业务保持良好发展势头。

【安全生产】2021年，沈阳桃仙机场海关把安全发展理念贯穿到工作的各领域和全过程，将安全生产工作纳入重要议事日程，细化压实各岗位安全责任，督促企业切实履行主体责任，提升全员安全防范意识；通过"远程+现场"方式做好对旅检、货运监管区域及辖区航油、航材保税仓库的安全巡查，加大重要政治活动、重大节日、极端天气等时段的安全生产监管力度，聚焦重点领域深入排查安全风险隐患，动态更新问题隐患和制度措施"两个清单"；与卫健、环保、边检、空管等部门及机场保持密切联系并签订合作备忘录，完善配合机制、明确职责分工、加强信息共享，联合开展应急处置演练，提升快速反应和应对能力。

【队伍管理】2021年，沈阳桃仙机场海关开展"强化作风建设，防范管理风险"专项工作、深化内务规范强化月活动、建立常态化监督检查机制、强化干部职工"八小时外"管理，狠抓作风养成；做好关心关爱，深入基层一线，帮助解决各类困难，消除后顾之忧，确保队伍保持良好的工作状态；开展"奋斗百年路 启航新征程""以天生热血弘赤忱初心""镜头背后的故事""让我们共同见证荣光"等系列宣传，在"金钥匙""沈水微风"等载体发布期刊22期；严格落实干部日常管理制度，监督干部职工严格执行外出审批、核酸检测等要求；承办沈阳海关口岸监管环节化学涉恐突发事件应急演练。

沈阳邮局海关

【概况】沈阳邮局海关前身为沈阳海关驻邮局办事处，2019年正式更名为沈阳邮局海关。办公区位于沈阳市沈河区北站路72号。内设7个科室，分别为办公室、综合业务科、监管一科、监管二科、监管三科、快跨综合科、车站监管科。主要承担本埠及管辖区域内邮、快件和跨境电商进出口通关、场地监管、海关特殊监管区域管理、税收征管等管理职责。

2021年，沈阳邮局海关落实习近平总书记重要指示批示精神及党中央有关重大决策部署，贯彻落实沈阳海关关区工作会议和全面从严治党工作会议精神，强化政治机关建设，提升监管服务水平，在物品监管、打击走私、疫情防控、窗口服务、改革发展等工作中取得了突出成绩。

【党的建设】2021年，沈阳邮局海关以"党史学习教育"为契机，提升基层党建质效。压紧压实党支部责任，通过"三会一课"、主题党日等活动，集中学习60余次，推进支部联学共建，党支部书记进行党课宣讲6次，开展"主题党课示范交流"3次；组织青年理论学习小组读书分享会，交流学习心得，开展"学史·铸魂"红色讲坛3次，开展知识竞赛、党史知识专题测试，组织参观抗美援朝纪念馆、中共满洲省委旧址、沈阳审判日本战犯法庭旧址陈列馆等红色教育基地，以建党100周年为契机，开展"清明祭英烈·追寻红色足迹"体验教育活动和"爱祖国跟党走"端午节系列活动，参加"唱支山歌给党听"主题活动，组织党员干部收看"七一勋章"颁授仪式和庆祝中国共产党成立100周年大会。

发挥党员先锋模范作用，对辖区企业进行走访，了解辖区企业、一线关员和群众心中最为"急难愁盼"的问题，整理《沈阳邮局海关"我为群众办实事"实践活动重点民生项目清单》和《沈阳邮局海关"我为群众办实事、争做贡献促振兴"实践活动实事项目清单》。有针对性地开通"城际便民""快速解难""特事特办"3个便民通道。搭建"城际便民通道"，针对外市群众不便到现场进行缴税和报关问题，成立党员工作专班，探索建立"网上缴税+邮政代办"服务模式，协调邮政开通网上缴税功能，实现网上缴税，省内服务最远辐射距离300余千米，全年共监管进境邮件37.7万余件，实现"让信息多跑路，让群众少跑腿"；建立"快速解难通道"，聚焦群众需求，通过服务窗口、12360海关热线和网上咨询，进行"堵点会诊"，全年已解决事项28件；开设"特事特办通道"，巩固深化党史学习教育成果，设置"党员先锋示范岗"，开设"服务专窗"，增设价格复核查询服务及"老年专区"，提供高效、便捷、暖心服务。自3个便民通道开通以来，累计超4万人受益，提升群众获得感和满意度。此做法被总署评为全国海关"'我为群众办实事'百佳项目"案例。

【监管业务】2021年，沈阳邮局海关监管本埠及管辖区域内进出境邮件114.6万件，同比下降42.4%；审核进出口报关单811份，同比下降23.5%，征收税款101.97万元，同比下降10.5%；邮递渠道开具行邮税税单6.88万票，同比增长357.7%，征收行邮税1,191.65万元，同比增长212.6%。

全年，监管进境B类快件5.44万件，开具税单7,146票，征收税款53.64万元；监管本埠及管辖区域内进出境印刷品音像制品16.4万件，同比上升2.8%；监管跨境电商（"9610"模式）出口包裹（清单数）1,697.4万件，价值4.85亿美元；邮政出口包裹（清单数）43,560件，价值196.66万美元；远达出口包裹（清单数）1,693万件，价值4.82亿美元。

全年，查获侵犯知识产权邮件68批次，共356件；查获侵犯知识产权跨境电商货物1,580批次，共6,833件，合计查获涉嫌侵犯知识产权物品1,648批次，查扣各类侵权物品7,189件，查获违禁印刷品音像制品1,937件。

【查缉走私】2021年，沈阳邮局海关已累计查获象牙制品31起，共87件，重5,774.1克；查获玳瑁标本情事1起，共9件，重223.8克；红珊瑚制品28起，共446件，重3,414.5克；查获砗磲制品3起，共3件，重187.4克。

全年，查获香烟烟弹5起，涉案邮件232件，香烟烟弹1,768条；查获手表走私1起，涉案邮件13件，手表38块；查获精神管制药品51起，共7,912粒。其中，刑事立案案件6起，分别为烟弹走私案4起、手表走私案1起和毒品走私案1起。查获"洋垃圾"情事13起，共860件，主要为旧电子产品。

【动植物和食品检疫】2021年，沈阳邮局海关在邮递渠道查获禁止寄递进境的动植物及其产品和其他检疫物邮件共295批次，其中截留83批次、退运212批次。截留物品中，包括动物及动物产品类43批次、植物及植物产品类22批次、其他检疫物类18批次。其中，猪肉及其制品34批次，重77.9千克（来自疫区的猪肉制品22批次，重57.6千克）；活动物5批次；种子苗木11批次；特殊物品13批次。退运物品中，包括动物及动物产品类134批次、植物及植物产品类78批次，主要为宠物食品、水生动物产品、乳制品和牛肉制品。

全年，沈阳邮局海关共送检非洲猪瘟样品36批次，重81.795千克（含有上年度截留样品），检测结果均为阴性。截获外来物种9种次，均为活动物，其中日本锯锹甲、鹿角锹甲为全国非贸渠道首次截获的外来入侵物种。截留物品中检出有害生物7种、9种次。

【业务改革】2021年，沈阳邮局海关加强进出境邮递物品管理子系统应用，启用"自动征税模块"功能，实现系统自动计税，解放一线人力；指导邮政企业采取邮件、快件、跨境电商商品"共线分拣"作业模式开展新场地（场所）建设，实现场地软硬件设施的集约管理。沈阳邮局海关通过进出境邮递物品管理子系统征税累计达6.88万票，征收行邮税款1,191.64万元。货运报关审核进出口报关单811票，征收税款101.97万元。

对邮、快、跨业务申报数据进行集中审核和税费征管，重新明确科室职责及业务分工，有序开展监管；落实总署各项操作规程，加强对快件运营企业管理；全链条梳理场所监管和货物物流监控各环节工作，有效防范物流监管风险。

主动对接电商企业和仓储物流企业，提前了解企业货运计划，针对业务监管量大幅增加情况，研究出台了集约监管、区域审单、驻点验放等"点对点"监管服务举措，对业务集中以及突发应急等情况组成工作专班，简化通关流程、压缩通关时长，确保"7×24小时通关顺畅"。

【安全生产】2021年，沈阳邮局海关成立安全生产工作领导小组，明确党委成员安全生产责任分工，比照《安全生产三年行动方案》落实机制，按照分工条线推进安全生产各项工作落实。将常态化安全生产检查和安全生产问题整改纳入台账管理，持续加强安全生产工作。组织清点排查监管现场配置反恐、防爆、防疫设备物资情况，加强人员技能培训，确保突发核生化等紧急情况时能有效开展应急响应；开展安全培训进企业活动，对场所（地）员工宣讲国门安全知识以及应对恐袭等突发事件的预防、处置、互救自救知识；认真开展"安全生产月"活动，组织各科针对口岸安全生产、内部安全防范和干部职工管理3个方面开展排查，全年共发现安全风险隐患14项，并已全部整改完成。

【疫情防控】2021年，沈阳邮局海关坚持党委书记部署、党委委员按分工条线跟踪督办各项防控措施落地落实。加强监督检查，落实"日报告""每日测温""验码上岗""常态化核酸检测"等各项疫情防控措施要求，落实科长责任，就近解决外勤人员核酸检测问题，建立科室疫情防控2级台账，确保各项措施落实到位；加强个人防护，防范化解职业暴露感染风险，提高一线查验人员个人防护等级，按照总署寄递物品监管工作人员防护标准开展穿脱培训，从严、就高实施个人防护；加强与沈阳国际邮件处理中心监管现场、远达国际快件监管中心的联系配合，做好"两指导两设置"，即指导企业严防境外疫情通过邮快件渠道输入，实施场地分区作业、人员闭环管理、邮袋邮件严格消杀，指导企业对进境邮快件，实施消杀后放置48小时后再行开展作业，在监管现场内设置"两通道三区间"，在查验现场设置隔离屏，关员在查验环节激光笔指认，减少与邮件接触，执行"一接触一消毒"。

【队伍管理】2021年，沈阳邮局海关制订下发《沈阳邮局海关2021年全面从严治党工作重点任务分工方案》《沈阳邮局海关2021年党风廉政建设措施任务分解表》《沈阳邮局海关2021年上半年全面从严治党工作安排》；组织科以上领导干部开展海关领导干部配偶、子女及其配偶从业情况自查，落实好管党治党责任；严格落实中央八项规定精神，持续整治"四风"问题，坚决杜绝酒驾、醉驾行为，结合内务规范检查活动，定期进行宿醉酒驾醉驾检测并进行通报；通过定期廉政例会、开展谈心谈话等形式，严防"外部围猎"，及时了解掌握队伍动态。

将专项整治工作中的纪法教育与党风廉政教育相结合，制订《海关工作人员廉洁从政法律法规制度选编学习计划（沈阳邮局海关）》，提升邮局海关干部职工的廉洁自律意识和拒腐防变能力；以形势分析及督查例会、科务会、工作任务单等形式组织学习《关于10起现场监管与外勤执法领域典型违纪违法案例的通报》《党的十九大以来海关系统违纪违法典型案例通报》等典型违纪及问责案例，以剖析反面典型案例、直面问题等为主要内容，提升警示教育的针对性、有效性；组织参观沈阳正风肃纪大数据监督警示教育展示馆。

铁西海关

【概况】铁西海关前身为1998年成立的沈阳经济技术开发区海关，2019年更名为中华人民共和国铁西海关。办公区位于沈阳市经济技术开发区开发大道三号街。内设办公室、综合业务科、监管科、稽查一科、稽查二科、稽查三科、稽查四科7个科室。主要承担沈阳地区相关进出口通关、税收征管及业务统计等职责。作为沈阳关区稽查集约化执行机构，承担企业专项稽查（沈阳关区）、常规稽查、主动披露事项（均为沈阳地区）稽查作业职责。集中负责沈阳铁西、于洪区内进出口企业的查验、物流监管（含保税监管场所及海关特殊监管区域）、进口货物目的地检验及出口申报前监管服务工作。负责沈阳地区企业涉及出口植物繁殖材料、水果的属地查检及签证业务，进境粮食（加工、储备）后续检疫监管业务，进境植物繁殖材料后续隔离检疫监管业务，出境植物繁殖材料检疫监督管理（田间检疫）业务，出境水果检疫监督管理五项业务工作，以及以上5项工作中涉及的国门生物安全检测、安全风险监控相关业务。

2021年，铁西海关进出口贸易总值254.31亿元，同比增长19.47%，其中进口253.97亿元、出口0.33亿元。征收税款58.74亿元，同比增长40.59%。其中，关税18.99亿元，同比增长34.68%；增值税39.75亿元，同比增长43.61%。审核报关单5,736份，同比增长约8.25%。核销加工贸易手册151份。审核原产地证书5,930份，货值25.43亿元。打印检验检疫证书1,726份，签发电子底账987份。

全年，铁西海关共办结94个稽查作业，其中专项稽查81起、常规稽查13起。总体查发率55.67%。稽查追补税作业33起。移交缉私17起，涉案货值15,134.27万元。办结主动披露作业13起。稽查部门作业管理系统（四期）内剩余作业办结率为100%。

【党的建设】2021年，铁西海关持续加强政治机关建设，坚持"第一议题"制度，坚持把政治建设摆在首位，狠抓党委主体责任和"一岗双责"落实，增强"四个意识"、坚定"四个自信"、做到"两个维护"。强化政治理论武装。以党史学习教育为抓手，认真组织政治理论学习，拓展学习形式，通过中心组领学、集中学习和个人自学重点学习习近平新时代中国特色社会主义思想、党的十九大和十九届历次全会精神、习近平总书记系列重要讲话等；开展"学史·铸魂"红色讲坛、党史学习教育"读书周"、党组织书记上党课、先进典型授课、实地参观见学等活动，推进青年理论学习提升工程，增强理论学习效果。发挥党委政治功能，强化党委工作程序化、规范化，发挥党委把方向、管大局、保落实的领导作用；推进"四强"党支部建设，努力解决党务和业务"两张皮"问题。年内，稽查三科党支部——稽动队被确定为全国海关党建培育品牌。持续推进党史学习教育，党支部书记上党课8次，先进典型上党课2次；到辽宁省图书馆参观辽宁省庆祝中国共产党成立100周年展览，开展"峥嵘百年正风华"青年联学活动、"青春向党·奋斗强关"主题团日活动、诵读"红色家书"活动、"唱支山歌给党听"主题活动、庆"七一"书法摄影绘画展活动等。开展"我为群众办实事"实践活动，建立基层联系点制度，党委委员深入基层，参加支部组织生活，解决基层实际困难；建立"我为群众办实事"重点项目清单，走访企业14家，制定帮扶措施25项；落实"为家人送温暖"，走访退休和困难职工2人；在三八妇女节发送致女关员及家属一封慰问信、"八一"建军节组织军转干部座谈会，增强关员获得感、幸福感；落实谈心谈话"五必谈"制度，每半年开展一次思想动态分析，准确把握队伍思想状况，增强关员归属感和使命感。持续推进"网格式"管理试点工作，铁西海关稽查三科以稽查查发能力为切入口，将"全覆盖、双路径、差别化"作为"网格式"管理机制试点工作总思路，不断完善"网格式"工作管理内容，探索创新切实可用的工作措施。

【监管业务】2021年，铁西海关定期对华晨宝马汽车有限公司铁西工厂海关监管场所进行巡查，通过视频巡查与现场巡查相结合，对监管场地检查结果每月进行公示。遇有节假日及雷雨天气对场地负责人进行安全提醒。

派员参加蒲河集装箱监管场地筹建工作会议，对于洪蒲河物流基地海关监管场所建设情况进行持续跟进，与职能部门、地方政府和相关企业畅通联系渠道，并对海关监管场所相关设计方案给予前置指导。

落实"放管服"改革要求，推进"多证合一"改革，国际贸易"单一窗口"主要申报业务应用率达100%。运用"提前申报""'延时、错时'+7×24小时预约通关"等便利化措施，2021年进口货物整体通关时间6.74小时，相比2017年压缩91.72%，出口货物整体通关时间0.19小时，相比2017年压缩99.61%。

应急处置华晨宝马汽车有限公司因苏

伊士运河拥堵异地通关时所遇到的突发情况，建立企业、海关双向消息互通机制，保障货物及时运抵，有针对性地解答企业进出口通关过程中遇到的问题，打通惠企"最后一公里"。

【税收征管】2021年，铁西海关以商品规范申报为综合治税工作的切入点，把企业规范申报情况纳入底账，增强企业规范申报意识。截至2021年年底，共对1.4万余条报关数据进行审核，联系17家企业就71条问题数据进行修改，规范申报的准确程度和企业对规范申报的重视程度进一步提高。

铁西海关与铁西区商务局、浑南海关共同组织召开"赓续红色精神，接力真诚惠企"加工贸易及保税监管集约化改革现场宣讲会，邀请铁西海关辖区内23家加工贸易企业代表参会。

铁西海关协调成立华晨宝马原产地专项业务专家工作组，通过"一对一、点对点"研究对策、召开电话会议、加大培训及协定梳理等多种方式，提出创新型政策举措，解决出口产地证签发问题，为华晨宝马汽车有限公司签发首份中瑞自贸协定优惠原产地证书。

严格执行涉嫌走私、违规的货物偷逃税款的计核以及稽查补税计核的双人作业模式，保证税款计核准确、高效，全年共计核税费55笔。

铁西海关联合铁西区商务局、中国检验认证集团辽宁有限公司对铁西区10余家进出口业务量较大的企业开展政策宣讲，对企业较为关切的AEO认证标准、RCEP原产地政策及地方政府外贸扶持政策等进行解读宣传，现场解答企业问题，增强企业获得感。

加强与地方政府、企管处、浑南海关以及辖区企业的沟通联系，通过政策宣讲会、业务协调会等形式将改革措施落到实处，理顺加工贸易作业关系；深入摸底各企业已设立手（账）册数目和进出口执行情况，针对料件多、成品复杂、结转难的企业建立问题跟踪机制，精准把控风险；利用金关二期系统在固定节点对手（账）册进行集中催核，对企业加工贸易执行过程中遇到的问题进行"一对一"专人解答。截至年底，铁西海关共结案手册151本、账册4本，退还保证金53.74万元，涉及辖区23家加工贸易企业。

参与属地纳税人管理调研，配合关税处对辖区企业日常贸易基本模式进行摸底，引导企业加强自身管控，提高纳税申报的准确性、完整性、及时性，确保涉税差错"不贰过"。根据纳税遵从度评估结果，按照"守法便利、违法惩戒"的政策导向，为属地纳税人建立精细化、专业化、个性化、差异化的税收规范与服务方案，规范企业自报自缴，为守法企业提供纳税便利服务。

落实年底综合治税工作，安排专人每日跟进税款入库情况。灵活运用保金、保函等形式担保放行，成立专班、安排专人每日跟进税款入库情况，并及时将税收情况反馈关税处。同时做好辖区企业的政策宣讲工作，争取企业的理解和支持，控制好舆情风险，营造良好税收征管环境。全年共办理保证金转税12笔，转税金额751.12万元。

扎实推广原产地签证智能审核、自助打印、不见面签证等便利化措施，使政策有效落地，实现证书"秒审核""秒签发"，"网上申领、当日清"，实现申领证书全程数字化、无纸化。为做好RCEP原产地规则和关税减让实施准备，开展原产地证书系统升级工作，对旧系统所存空白证单建立台账，逐一对号核销，完成系统授权，对辖区企业开展"面对面"指导，解读RCEP政策优势。

【卫生检疫】2021年，铁西海关创新特殊物品监管模式，对重点企业宣讲海关政策，规范产品申报；根据布控指令，抽取样品送检，强化风险防控；检验合格及时放行，以风险评估加强后续监管，优先检验与严格监管相结合，不断优化监管服务流程。

【动植物和食品检疫】2021年，铁西海关集中资源优势集中受理企业出口种苗申报与查检业务，接受企业申报出口257批次，同比增长近1倍。

在国门生物安全监测中，设置监测点51个，对苹果蠹蛾、实蝇、杂草、植物病害监测。在进境粮食加工企业厂区监测工作中查发检疫性有害生物。

对进口粮食品种、来源国提前检疫风险评估，建立申报材料预审制，压缩初审作业时长，实现调运初审联系单"绿色预约，随到即办"；指导企业使用进境粮食检验检疫管理系统，优化运输监管计划，使企业退单率降至3.1%。全年累计完成沈阳地区粮食调运监管40批次，约10万吨。

推出"发挥海关专家优势，全程帮扶种苗企业"新举措，针对出口种苗病害频发问题，利用植检专家技术优势，组织开展植检风险预警培训讲座5次，规范企业安全生产，降低防疫隐患。

开展进出口食品化妆品安全监督抽检及风险监测工作，按照系统布控要求完成抽样检验，并将检测结果录入进出口食品、化妆品抽样检验和风险监测系统以及不合格系统。完成2批次出口不合格食品化妆品信息报送工作。

【商品检验】2021年，铁西海关强化进出口工业品检验监管，加强旧机电、危险化学品、医疗器械等重点敏感商品监管，提升进出口商品不合格检出率。全年累计完成工业品查检工作1,200余批次，其中检出旧机电产品2批次不合格、危险品8批次不合格、医疗设备1批次不合格。

铁西海关验放某企业目的地检验商品，解决企业因运输导致的交付时间紧迫问题，保证货物及时交付国网项目工程。复制推广自由贸易试验区"进口货物目的地检查新模式"，在沈阳关区首次创新实施"远程视频监管"。依托"钉钉"视频功能远程连线华晨宝马汽车有限公司现场工作人员，顺利完成对3票进口货物的目的地检查工作，货物总值为7.94万欧元。

【企业管理与稽查】2021年，铁西海关持续推进加贸、减免税专项稽查。加强对涉及关联交易、特许权使用费等风险点的专项稽查，挖掘新的稽查补税增长点，与风险防控部门、缉私部门进行数据、情报共享，形成监管合力，全面提升专项行动打击力度。

根据《沈阳海关对进出口危险化学品企业逃漏检风险开展专项稽查行动方案》要求，拟制《铁西海关对进出口危险化学品企业逃漏检风险开展专项稽查行动方案》，结合辖区进出口企业特点开展集中风险分析研判，确定对2家涉及进出口危险化学品高风险的企业开展专项稽查。以稽查指令内容为重点，同时关注企业是否存在逃漏检、单货不符、危险化学品未如实申报等违反危险化学品监管规定情形。

组织传达学习《沈阳海关稽查改革工作方案》，根据工作方案再次细化调整稽查各科工作职责。梳理稽查部门自主查发简易程序案件、快速办理案件的处置流程，以查发问题、防范风险为重要目标，全面评估稽查改革后面临的新挑战，充分研讨稽查改革带来的执法新要求，进一步强化海关稽查的查发和打击重大违法行为能力。

稳步推进常规稽查，以监督和规范被稽查人进出口行为为主要目标，开展例行检查和"全面体检"，充分发挥"双随机"制度优势，严格执行"双随机"制度，建立稽查人员库，由电脑随机选取稽查组长及组员，减少人工干预。

以惠企服务为落脚点，定期开展主动披露作业"回头看"，通过开展电话回访，了解涉税违规行为的整改情况及措施，保证已经纠正的问题不再反弹。4月，派员参加沈阳海关主动披露政策宣讲会，对海关主动披露政策进行解读，现场解答线上线下企业提问，共有88家企业145名企业代表参会。

开展"国门利剑2021"行动，全面落实近三年进口固体废物加工企业开展专项稽查行动工作要求，严厉打击"洋垃圾"入境，对辖区内涉及固体废弃物进口的企业进行专项稽查；完成相关企业进口固体废物行业专项稽查行动，对相关企业开展再生金属专项稽查工作。

结合跨境电商发展现状和业务特点，对高风险企业开展专项稽查，及时向缉私部门移交涉嫌走私违规案件线索。实现沈阳关区稽查领域对跨境电商企业首次查发。

浑南海关

【概况】 浑南海关于 2019 年正式挂牌成立,办公区位于沈阳市沈河区大南街 433 号。内设科室 7 个,分别为办公室、备案核批一科、备案核批二科、备案核批三科、核查一科、核查二科、核查三科。主要职责为:集中负责沈阳关区减免税、加工贸易(保税)、公自用物品备案核批工作;按照管理权限集中负责沈阳地区企业(海关特殊监管区域除外)的通用及特殊资质注册登记或备案,评审及认证工作;负责沈阳地区出口原产地证明签发;集中承接沈阳地区企业核查工作。

2021 年,浑南海关共办理通用资质企业备案 667 家、企业变更 554 家、企业注销 509 家;特定资质企业管理行政许可事项 30 笔、其他特定资质企业备案 108 笔;办理留学人员回国购买免税汽车 389 笔、非居民长期旅客自用物品 178 笔、领事馆公自用物品 154 笔;审批免表 539 份、办理税款担保 490 份;审签各类原产地证 7,684 份,签证金额 38.70 亿元;备案 254 本手册(账册);开展风险类核查作业 120 起,查发问题 37 起,移交缉私部门 2 起,涉案货值约 2,186 万元,移交其他部门办理补税 3 起;开展定期管理类核查作业 75 起。

【党的建设】 2021 年,浑南海关坚持以习近平新时代中国特色社会主义思想为指导,增强"四个意识"、坚定"四个自信"、做到"两个维护"。贯彻落实习近平总书记关于疫情防控的重要指示批示精神,常态化做好内部疫情防控各项措施,发挥基层党组织战斗堡垒作用和党员先锋模范作用。严格落实请示报告制度,对重要事项建立工作日报、周报、月报机制,共形成工作周报 47 期、月报 15 期,推动重点工作落地见效。深化巡视整改任务落实,党委班子带头立行立改,逐级压紧压实,对巡视反馈问题举一反三、主动认领,部署整改任务,实行挂账销号。

扎实开展党史学习教育,创新"中心课堂""掌上课堂""体验课堂",引导党员干部树立正确党史观。以深入学习领会习近平总书记"七一"重要讲话精神为重点,班子成员联系分管业务科室开展"七一"重要讲话精神宣讲共计 9 次,支部书记讲专题党课 7 次，配发党史学习教育规定书目，以"四史"教育为主题，每月组织集中学习讨论。结合内务规范强化月，组织"重走长征路"线上活动，开展准军集训；结合青年理论学习提升工程，参与沈阳海关"学史·铸魂"青年红色讲坛宣讲；开展青年联学活动，制作微视频"云讲述"5 期；在浑南海关网站开通党史学习教育专栏，定期更新学习教育动态、上传学习资料、分享学习心得、总结经验做法。开展阵地教育，组织党员代表参观红色教育基地、辽宁省图书馆百年党史展览，朗诵革命诗篇、重温入党誓词；开展"听老党员说初心"党日活动，举办主题读书会、党史知识竞赛，加强党史学习领悟；持续做好三个"坚持"，深入推进"我为群众办实事"实践活动，制定浑南海关重点民生项目清单 9 项 21 条具体措施。巩固拓展"强基提质工程"成果，发挥"四强"党支部示范带动作用，共建结对帮扶，推进支部标准化规范化建设。

严格落实全面从严治党主体责任和党风廉政建设各项任务要求和沈阳海关 15 个方面 50 项具体措施，开展"以案促改"回头看警示教育活动。坚持"一把手"负责制，发挥基层科室第一道防线的突出作用，开展"现场监管与外勤执法权力寻租"专项整治及整改工作。制定廉政风险清单，确保廉政风险点应知尽知。开展纪法教育，组织专题考试，并通过支部书记、纪检组长讲廉课、印发警示教育口袋书、撰写心得体会、发放致家属一封信、制作"基层书记谈责任"专题视频等形式，发挥带动作用，引导党员干部远离纪律红线。通过关企微信群、现场宣讲等方式向 491 家企业公示通报整治重点和举报途径，主动接受群众监督。

【税收征管】2021 年，浑南海关推进航材免税政策落地见效，帮助享惠企业把握退税与免税切换的时间节点。开展减免后续监管风险研判，经实地稽核查发现 4 家企业擅自贷款抵押监管期内减免税设备情事，已移交缉私部门，累计涉案货值约 7,307 万元。

扎实做好空白原产地证管理及新旧系统数据转换，保障原产地证书 3.0 系统顺利上线运行；推广原产地证书自助打印工作，提高企业办事效率，助力出口企业发展。

【企业管理与稽查】2021 年，浑南海关报关单位备案实现全程网办；优化出境植物及其产品、其他检疫物的生产、加工、存放单位注册登记审批服务；开展清理"僵尸"企业专项工作、完善出口食品生产企业通用资质专项工作，共清理注销报关单位 400 余家；主动联系辖区 67 家出口食品生产企业完善通用资质。

有效整合核查人员，调整派单岗位设置，实现"双随机"方式分派核查组成员，避免执法和廉政风险隐患。开展特殊物品后续监管 20 批，出口退运调查系统录入退运结果 57 条，一般认证企业重新认证

2家。先后承办、参加企业信用培育座谈会、AEO专场信用培育直播讲解、"关企零距离"活动。开展政策调整后首批信用培育工作,利用海关信用信息系统、海关画像系统,对辖区75家一般认证企业宣传政策红利,对6家申请高级认证企业进行AEO信用培育。有效简化核查作业方式,通过采信企业自查报告方式完成对华晨宝马汽车有限公司的核查作业。落实国务院联合抽查要求,与8家市场监督管理部门开展联合执法,实现"进一次门、办多项事",共开展联合抽查核查17家,上报工作总结2篇。

推进加工贸易及保税监管集约化改革,理顺改革业务流程,通过实地调研、召开宣讲会、设置专人专岗核销等方式,加强对改革后辖区企业的管理服务。成立审计专班推动解决现进缝制电子账册长期未核销问题,定期督促企业配合办理相关海关业务,及时请示汇报,圆满解决历史遗留问题。跟进华晨汽车集团实质性合并重组工作,完成债权申报工作,探索第三方垫付税款形式,督促企业办结海关手续。针对加工贸易监管耦合度不足的风险,按照划片风险防控模式对企业进行风险研判,对91家企业开展分析,梳理风险点企业8个,下达核查指令7次。首批完成清华同方受资方变更及外贸环境影响造成停产引发的破产风险,企业补缴税款427万元。

【风险管理】2021年,浑南海关持续深化风险源头治理,坚持运用底线思维防范化解风险,持续探索"四明"工作法,通过工作实践,形成以岗位职责清单明晰"干什么"、作业指引清单明晰"怎么干"、考核指标清单明晰"怎么管"、节点指标清单明晰"怎么防"的工作方法,整合优化加工贸易、减免税、出口原产地证、企业管理、核查等业务线条的统一执法标准化清单体系,使权力运行"管理规范、全程受控",强化对权力运行的制约和监督;找准基层科室内控机制建设主阵地定位,加强内控机制建设。

【法治建设】2021年,浑南海关党委切实履行普法工作主体责任,班子成员带头尊法学法守法用法,讲法治课;将领导班子集中学习纳入本单位年度普法计划,在领导干部年度述职中纳入"述法"相关内容;选派业务骨干参加沈阳海关"普法讲师团",参加普法直播间活动;组织6名科级领导干部参加任职前法律知识考试并全部通过。

辽中海关

【概况】 辽中海关于2019年正式挂牌成立，办公区位于沈阳市浑南区创新二路39-1号，中国（辽宁）自由贸易试验区（沈阳片区）内。内设8个科室，分别为办公室（党委组织宣传部）、综合业务科、保税科、企业管理科、查检一科、查检二科、查检三科、监管科。监管场地包括沈阳综合保税区A区、沈阳综合保税区新B区、辽宁集铁国际物流有限公司海关监管场所、毅都（沈阳）冷链物流发展有限公司海关监管场所、毅都（沈阳）冷链物流发展有限公司保税监管仓库。主要承担沈阳海关特殊监管区域及毅都（沈阳）冷链物流发展有限公司公用型保税仓库全链条海关监管工作，在辽中海关申报的相关进出口通关、税收征管及业务统计等职责，沈阳除于洪、铁西区之外地区的查验、物流监管、进口货物目的地检验及出口申报前监管服务工作（除机场口岸企业、沈北新区进出口企业属地查检工作），中欧班列和进口转关冷链食品监管工作。

【党的建设】 2021年，辽中海关发挥党委理论学习中心组带头学习示范作用，开展集中学习21次，专题读书班2期，学习重要文件20余篇，以实际行动践行"两个维护"。把专题研究党风廉政建设作为必备内容，突出对"一把手"和领导班子监督，根据实际细化分解党风廉政建设15个方面50项措施，落实人员网格式管理机制，形成层级管理清单。各党支部开展党员大会69次，主题党日活动66次，专题党课22次，习近平总书记在庆祝中国共产党成立100周年大会重要讲话精神宣讲33次。党总支所辖2个"四强"党支部和1个党建培育品牌党支部认真开展并通过"四强"党支部和党建培育品牌复核工作。落实党委委员基层联系点制度，沈阳海关党委委员8次到一线执法科室支部参加专题学习活动，实现基层党组织队伍的整体提升。扎实开展党史学习教育，组织党员干部潜心自学4本必读教材和3本选读教材，讲好红色故事15次，开展体验式学习10次，支部书记专题宣讲26次。认真开展"我为群众办实事"实践活动，领导班子带头深入一线，各科室结合实际工作特点，主动作为、精准发力，走访50

余家企业进行调研及惠企政策宣传，推行"首席服务员""关企一对一"等高效便捷服务模式，解决企业群众"急难愁盼"问题，全年共完成11项重点民生项目。推动学习成果转化，组织党员代表参加党史知识竞赛，营造以赛促学、以赛验学的热烈氛围，全体党员参观辽宁省庆祝中国共产党成立100周年纪念展、"九一八"历史博物馆等红色主体展览等，举办政治生日、重温入党誓词、重温党章等活动，推进红色基因传承。充分发挥青年党员干部积极性，6月25日参加沈阳海关庆祝中国共产党成立100周年文艺汇演，自排自演小提琴歌伴舞《唱支山歌给党听》。

【监管业务】2021年，辽中海关健全进出境货物全流程监管工作机制，完善事前、事中、事后监管协同机制，落实"多查合一"工作模式，应用新一代风险作业系统、查验管理系统和移动查验单兵设备，共检出进出口不合格商品50批次，涉检案件1批次。成立辽中海关"进出口商品质量安全风险预警与快速反应监管工作领导小组"，做好质量安全风险检测实施和跨境电商消费品质量安全风险监测工作，全年共查处录入进口不合格信息10批次。全面强化进出口危险货物及其包装检验监管，严格落实法检目录及检验检测项目调整要求和"持证上岗、双人双岗"制度，全年共检验进出口危险化学品64票，危险包装检验88批次，检出不合格10批次。认真贯彻落实习近平总书记关于打击走私、疫情防控系列重要指示批示精神，持续开展"国门利剑2021"联合专项行动，严厉打击象牙等濒危物种及其制品、涉枪涉毒、农产品、"洋垃圾"等重点敏感货物走私，"零容忍"打击非法疫苗出境，切实维护经济发展和社会大局稳定。全年，共办理"两简"案件5起，涉案金额787.84万元。

【卫生检疫】2021年，辽中海关对梯队支援人员开展现场实操培训，定期开展内部防护装备穿脱演练；优化场地设置，完善场地防护设施设备，合理规划场地通道和防护物品穿脱区域，保证作业环境安全；严格按照总署要求开展进口高风险商品核酸取样和预防性消毒工作，落实二、三级监督制度，增设远程视频监控专岗，形成"企业内控+海关现场监督+职能处室重点抽查"的多层级联防联控新机制；统筹人力资源，根据辽中海关进口冷链食品查验人员数量，结合实际业务量，对进口冷链食品目的地查验关员实施"14+7+7"管理，组建攻坚小组轮流开展作业和封闭管理；强化阳性处置演练，协办沈阳海关进口高风险商品阳性结果应急处置演练和桌面推演，确保阳性结果上报及时规范。全年，共开展进口冷链食品核酸采样6票、6箱、114份样本，预防性消毒77票、77箱；开展进口高风险非冷链集装箱货物核酸采样333票、332箱、6,755份样本，预防性消毒596票、358箱。

【动植物和食品检疫】2021年，辽中

海关累计开展进出口水生动物安全风险监控和疫病监测工作80批，检测644项次；落实食品安全"四个最严"要求，加强进口预包装食品检验监管、进口保健食品准入审核，做好进出口食品化妆品监督抽检和风险监控工作，堵住漏证风险1批次；开展进口食品"国门守护"行动，加强对首次入境食品监管，强化核辐射疫区食品原产地证书审核，完成对17批次白俄罗斯进口食品现场查验送检工作，检出5批次日本进口食品标签不合格。

【优化营商环境】 2021年，辽中海关建立通关时间数据"日监控、周报告、月分析"工作机制。全年，进口整体通关时间为44.57小时，比2020年压缩了45.79%，实现历史性新突破；出口整体通关时间为0.47小时，比2020年压缩了7.84%。发挥进出口贸易统计监测预警作用，建立健全常态化分析研究工作机制，4篇专项成果展示报告被总署采纳，其中3篇被直属关领导批示，2篇业务统计分析被总署采用。3月28日，沈阳—阿拉山口—杜伊斯堡中欧班列首发开行；5月31日，沈阳—霍尔果斯—德国杜伊斯堡中欧班列首发开行。助力沈阳中欧班列形成西、中、东"三通道、五线路"并行格局，实现"去多回少"向进出基本均衡转化。全年，沈阳中欧班列开行405列，共55,205标箱，同比分别增长20.5%和56.8%，开行量位列东北地区第一名，占东北地区开行总量的六成以上，班列开行兑现率位列全国第一名，重箱率100%。全面推进跨境电商业务高效发展，实行精准化监管服务，在接单、派单、查验等环节提高衔接度，提高企业通关效率，简化验收流程，统筹优化人力，10月26日保障跨境电商龙头企业重点引进项目（菜鸟网络保税仓）顺利开仓运营，确保企业完成"双十一"备货工作；落实跨境电商退货中心仓监管方案，简化退货流程，节约企业物流成本，保障跨境电商企业退货权益。全年，监管跨境电商保税模式货物出区销售513,127票，同比增长13倍；征收税款522.06万元，同比增长5.5倍。

【业务改革】 2021年，辽中海关推进自由贸易试验区创新监管制度复制推广工作，全面开展保税展示交易业务，与口岸海关以"先入区，后查验"模式联合查验，打造保税展示交易业务"银关保"模式保函管理模式等，支持东北首个综合保税区外艺术品保税展示交易中心建立；认真落实一般纳税人资格试点工作，推行"四自一简"管理模式、"保税货物便捷流转"模式及"飞机特殊行业加工贸易保税货物集团内部调拨"便捷监管模式等，为综合保税区内重点航空企业享受进项税抵扣约1.5亿元。加大"海关改革2020"落实力度，进一步增强改革举措的关联耦合，"两段准入"信息化监管稳步推进，"两步申报"稳步提升至31.65%，逐步实现系统集成、协同高效，改革的系统性、协同性进一步增强，更好地服务构建新发展格局。高质量做好企业管理工作,积极培育企业信用等级,扩大覆盖层面,有效推动《沈阳海关认证企业（AEO）管理措施目录》落实落地,实现高级认证企业进出口货物优先通关。截至年底辖区共有存量企业304家,同比增长172%,其中高级认证企业增长100%。

【督查内审】2021年,辽中海关深化内控机制建设,提升新海廉平台应用水平,切实加强内控模块应用信息化系统开展日常监控的能力,提升基层科室风险防控能力,组织各科室梳理科室职责,明确涉及的业务领域,结合各业务领域执行控制节点岗位落实清单,建立清单项目,关联内控节点,依托"HLS2017新海廉"系统监控报关单联系企业补证、补税取得实效,其中涉及补证报关单73票,补征税款报关单92票,4篇专项成果展示报告被总署采纳。

【队伍管理】2021年,辽中海关持续深化准军建设成果,把严格管理内化为行为准则,推动准军建设规范化、常态化;建立内务督察"周自查、月督察、季评比"机制,开展内务督察45次,督促整改问题22人次。树立正确选人用人导向,选优配强执法一线科长队伍,不断完善激励干部担当作为的制度机制,定期进行谈心谈话,关注干部职工心理健康,进一步从人才培养、队伍管理、关爱激励等方面,加强人文关怀和帮助。

抚顺海关

【概况】 抚顺海关前身为沈阳海关驻抚顺办事处，于2019年正式更名为抚顺海关。办公区位于抚顺市新抚区浑河南路中段46-1号。内设5个科室，分别为办公室、综合业务科、企业管理科、稽核科、查检科；下属1个事业单位，为抚顺海关综合技术服务中心。主要承担抚顺市及其下辖县区的进出口通关、属地监管、检验检疫、税收征管、业务统计及辖区内企业管理、后续监管等属地管理职责。

2021年，抚顺海关受理报关单39票，税收798.44万元；受理出境1,730批、入境17批，出境包装鉴定523批；签发电子底账1,271份，出具检验检疫单证867份，签发各类原产地证书2,179份，金额约1.48亿美元，受理留学生购车业务22份，处置事中验估业务3份，办理计核业务6笔。

【党的建设】 2021年，抚顺海关创建"三学模式"，通过领导干部研讨学、指定书目重点学、红色阵地体验学，深入开展党史学习教育。以党委理论学习中心组学习为龙头，开展专题学习21次。为全体党员干部配备指定书目、定制专门笔记；开展5期"学史·铸魂"专题讲坛。到雷锋纪念馆、抗美援朝纪念馆等红色阵地组织实地学习教育，使党史的教育走出去、动起来、活起来。建立"三个阵地"建立日常宣传阵地、指尖分享阵地、思想交流阵地，营造党史学习良好氛围。举办"四史"教育文化展，开展130余天"党史上的今天"分享活动，在党员活动室、党员活动角开设交流专栏，营造良好氛围。探索"三种途径"，坚持问题导向、协力同行、跟踪落实，促进党史学习成果转化。通过"三个走进""我为群众办实事征求意见表"，以及人大、政协座谈会等形式，抓牢解决各类问题23项。完成楼体保温、改善电梯信号、建立理发室等一批惠民工程，同时助力企业出口前顺利完成特殊资质备案、更换危险品标识等难题，收到6家公司感谢信。

【动植物和食品检疫】 2021年，抚顺海关严格落实《沈阳海关2021年实蝇监测工作计划》，共发现检疫性某有害外来物种4头。加强进境货物木质包装检疫，保障涉及"安、卫、环"方面有效监管、防止松材线虫病传入中国。

【商品检验】2021年，抚顺海关强化危险化学品检验监管工作，梳理辖区出口危险化学品商品编码，对企业进行分类管理，明确监管要求，引导正确申报，防范漏检风险。不断提升监管能力，压实主体责任，注重源头管控，建立长效机制，开展进出口危险化学品及其包装检验监管专项整治活动月，对无纸化单据和纸质单据、人员资质以及随机派单等情况开展自查，同时加大对危险品生产企业进出口商品检查力度。9月，共查出9批次不合格，不合格检出率由原来的0.92%上升至2.39%，取得了显著成效。全年，共完成危险化学品检验监管589批次，金额2.9亿元。

【企业管理与稽查】2021年，抚顺海关结合《中华人民共和国海关注册登记和备案企业信用管理办法》的修订发布，开展线下信用培育1次，"一对一"AEO认证培育6家，对抚顺中石油国际事业有限公司开展一般认证企业重新认证，对抚顺永茂建筑机械有限公司进行信用培育，并完成对该公司的高级认证工作。推广"中国海关信用管理"微信平台，邀请抚顺海关辖区有进出口业务的企业进行注册，现有注册企业100余家。

全年，办结稽查作业2起、主动披露作业1起。办结核查作业19起，同比增长46.15%，稽核查办结率100%，其中完成7起联合执法核查作业，占核查作业总数36.8%。落实进一步优化口岸营商环境要求，组建业务"专家组"，依托互联网实施"线上+线下"相结合工作模式，释放政策红利，协助中国石油天然气股份有限公司抚顺石化分公司减免滞纳金166.47万元。

【优化营商环境】2021年，抚顺海关通过开展关企座谈会、线上专题培训等形式，开展5次专题业务讲解，向企业宣讲RCEP、两步申报、原产地签证自助打印等多项政策措施，结合企业提出的问题和日常企业易发生错误的方面开展"一对一"帮扶，解决在进出口通关申办相关业务的"难点""堵点"问题；联系地方商务部门及重点企业，紧跟国家政策向导，聚焦主要产业，主动为辖区重点特色行业争取优惠税收政策。抚顺海关报送的"关于免征阳极铜含黄金价值部分的进口增值税建议"已被总署采纳，并完成后续行业调研报告的撰写及上报工作。

【安全生产】2021年，抚顺海关成立领导小组，各科室全部参与的排查安全隐患轮值制度。建立完善《抚顺海关突发事件应急管理暂行办法》等10余个制度机制。确保闭环管理，全面落实安全生产责任制。与抚顺市应急管理局签订了《安全生产合作机制》，建立合作沟通渠道，实现信息及时共享，形成监管合力。结合巡视整改工作，处置原铁岭分中心遗留的过期剧毒化学试剂、过期普通化学试剂、无标签化学试剂共计331.45千克。同时将食堂燃气系统升级更新换代为安全系数高、燃烧充分且绿色环保的轻质白油系统。

锦州海关

【概况】 锦州海关成立于1991年6月，办公区位于锦州市松山新区市府路61号。内设13个行政科室和1个事业单位。主要承担锦州市及其下辖区、县的进出口通关、检验检疫、属地监管、保税监管场所管理、税收征管、业务统计及辖区内企业管理、后续监管等属地管理职责和锦州国际邮件互换局海关监管场所进出口邮递物品、快件的通关监管、检验检疫职责。下设驻港口办事处（副处级单位），为口岸型海关，主要承担锦州港进出境运输工具、人员、进出口货物、物品等口岸通关监管、检验检疫、税收征管、业务统计职责。

2021年，锦州海关共监管进出口货物1,637.1万吨，同比增长1.4%；进出口总值81.8亿美元，同比增长54%；进出口报关单接单1,407份，同比增长18%；税收入库64.7亿元，同比增长68%；监管进出境船舶1,032艘次，同比增长9%。

【党的建设】 2021年，锦州海关坚持"第一议题"制度，持续不断提高政治判断力、政治领悟力、政治执行力。坚持将学习贯彻习近平总书记重要指示批示精神作为每月例会"第一议题"，时刻关注习近平总书记强调了什么、要求了什么。对习近平总书记关于疫情防控、促进外贸增长、安全生产、打击走私、生物安全等重要指示批示，对表对标，学习领会，研究落实，形成"学习研究—工作落实—督办验证—完善提高"良性循环。扎实开展党史学习教育，党委第一时间研究制定推进计划表，细化7个方面10项具体任务。中心组学习研讨17次，各支部学习研讨120次。赴解放锦州烈士陵园等红色教育基地，重温伟大历程，接受初心洗礼。注重形式创新，"月、周、日"层层推进，组织开展党史知识竞赛、"党史微周刊"、"党课开讲啦"、"党史百年天天读"、"党史故事100讲"等活动，参观在线红色展厅8个，制作党史微周刊14期，推送党史故事百余篇。征集征求意见回函9份、问卷125份，推出惠企利民"暖心服务"，将好事办实、实事办好。针对党组织层级多、数量多特点，实施"引、查、督、评"党建工作法，抓好党组织及党员日常管理与监督。

严肃政治统领，压实责任担当，一体推进不敢腐、不能腐、不想腐，建设清廉海关。党委书记抓牢全面从严治党第一责任人责任，党委委员认真履行"一岗双责"，各级党组织主要负责人切实履行主体责任。深入开展专项整治，严防执法风险。围绕总署明确的"现场监管与外勤执法权力寻租"专项整治6个方面突出问题和总关梳理的80个重点项目，紧盯重点人员、关键岗位全面排查；向441家企业、10家党政机关、9名特约监督员通报并征求意见。强化案例教育，汇编下发海关系统工作人员违纪违法典型案例并动态更新，开展分析研究和警示教育154次，深化"以案促改"。注重节前教育，以支部为单位开展廉政教育，组织全员及家属开展遵守廉政纪律、拒绝酒驾承诺。深化重点教育，开展"警示教育月"活动，学习研讨《习近平关于全面从严治党论述摘编》；组织参观"反腐倡廉网络展厅"。加强准军建设，从严内部管理，组织开展"内务规范强化月"，发布廉政周提醒并通过微信小程序签到确认，严查酒驾醉驾，严格考勤监督，将遵守纪律培养成为关员的行动自觉。

【监管业务】2021年，锦州海关紧盯堆场功能、通道及卡口设置、电子数据对碰等关键点，指导锦州港做好堆场整合和功能调整，提升监管场所效能。督促企业落实主体责任，签订安全生产责任承诺书，健全安全管理体系。以视频监控指挥中心为支撑，对监管场所实施集中监控和风险处置。落实贸易管制措施，强化口岸监管环节反恐维稳，对重点商品严密监管。发挥"科技赋能"作用，研发"原油和石油产品岸罐重、数量计算自动化"系统，提高结果准确性，鉴重时间缩短50%。深化综合治税，确保征管质量。

【税收征管】2021年，锦州海关加强监控分析和税政调研，强化归类审价、验估、稽核查补税，推广关税保证保险、汇总征税、自报自缴等措施，做好属地纳税人管理。

【查缉打私】2021年，锦州海关与缉私分局建立联席会商机制，发挥发现、查缉、防范走私协同作用。明确应税商品风险点，对装卸过程进行全流程监控。加大现场查验力度，严防"洋垃圾"入境，完成681次进口铁矿筛查。办理"两简"案件2起。完成280.68吨冻品、33件濒危动物制品移交。

【卫生检疫】2021年，锦州海关严格登轮检疫查验，累计派员1,031人次登轮检疫查验，严格开展健康申明卡验核、测温、采样等各环节工作，对399艘次入境船舶、7,924名船员实施检疫查验。针对流感、埃博拉病毒病等传染病和非洲猪瘟、高致病性禽流感等动植物疫情，严格检疫查验，防止疫情叠加。充分发挥风险评估、信息共享、培训演练、联合管控、病例转运协同作用，完成491人次国际航行船舶船员换班检疫监管,严格实施闭环管理。对关键环节、重点流程、危险因素进行排查,持续开展"滚动式"培训,使规范操作形成"肌肉记忆",提高实操技能和应急处置能力。对发现问题立行立改,增设安全防护方舱音频设备,实时纠正错误操作;调整网络带宽,实现多人同步视频监督。

【动植物和食品检疫】2021年,锦州海关建立国门生物安全监测、禽流感监测方案和重大动植物疫情应急处置预案。对15家口岸食品经营单位开展卫生监督,定期开展口岸病媒生物监测。封存来自非洲猪瘟疫区猪肉及制品1.61万千克;在进境粮食中检出杂草395种次;完成46个舞毒蛾、实蝇、苹果蠹蛾布点监测。

【企业管理与稽查】2021年,锦州海关加强后续监管,推广"互联网+稽核查""稽核查+政策辅导",开展政策宣讲,防止企业因不懂法律法规而发生非主观故意违法行为。完成核查作业28次,开展常规稽查4家、专项稽查1家。深化"双随机、一公开"工作机制,与地方市场监管部门开展联合抽查执法6次。

【优化营商环境】2021年,锦州海关以"我为群众办实事""党旗在基层一线高高飘扬"活动为载体,优化营商环境,助力外贸高质量发展。深化"放管服"改革,改革红利惠企便民。推广"提前申报""两步申报""两段准入""先放后检"等改革措施,在口岸推行全天候、人等船、零待时服务,减少船舶滞港时间。取消审批1项,审批改备案2项,告知承诺1项,优化准入服务10项。对进口镍矿实行"船边直提",放行时间由4天缩短至2小时。出口整体通关时间0.15小时,较2017年压缩98.9%;进口整体通关时间71.55小时,较2017年压缩76.3%。推进"暖冬行动",监管放行进口煤炭353万吨,有力缓解东北地区供电、供暖用煤需求压力。优化中转库布局,采用多元化物流方式缩短每船转运时间48小时,创新送样模式压缩检测时间20%,监管放行进境粮食131.32万吨。支持东北陆海新通道建设,助力打造对外开放新平台,实施全流程服务,进行政策讲解和专业指导,锦州港保税物流中心(B型)于1月29日通过验收。摸清企业需求,优化监管流程,保障首列"锦州—满洲里—莫斯科"中欧班列于5月28日试运行。主动靠前服务,为企业量身定制通关指南,保障"锦州港—俄罗斯东方港"外贸直航航线于8月9日实现首航。完善"一企一策",支持地区特色产业发展。发挥"企业协调员"作用,推进《沈阳海关认证企业(AEO)管理措施目录》6类28项措施落地落实,指导辖区重点企业东方国际集装箱(锦州)有限公司通过高级认证。帮助企业完善质量管理体系,提升产品核心竞争力,帮扶地区出口集装箱23.27万个,是去年同期的3.8倍。对出口食品生产企业强化"源头"管控,有效应对外方技术性贸易措施；供港澳鲜鸡蛋在港澳市场占有率12.8%，出口盐渍菜在日本市场占有率65%；出口线麻产品在国际市场占有率位居前三。

【科技发展】2021年，锦州海关加强矿产品、油品检测实验室建设，推进新冠病毒核酸检测实验室建设。实验室检测1,447批次、23,025项；出入境人员体检1,211人次、预防接种910人次，检出传染病9例。

阜新海关

【概况】 阜新海关于2019年正式挂牌成立，办公区位于阜新市海州区中华路32号，内设4个科室，分别为办公室（党委组织宣传部）、综合业务科、查检科、稽核科。主要承担阜新市下辖2县5区的进出口通关、属地监管、检验检疫、保税监管场所及海关特殊监管区域管理、税收征管、业务统计及辖区内企业管理、后续监管等属地管理职责，负责党的基层组织建设和干部队伍建设。

2021年，阜新海关属地进口报关单33票，同比增加3.13%，出口报关单7票，同比减少58.82%；备案手册23份，同比减少36.11%，备案金额43.18万美元，同比减少96.79%；核销手册30份，同比增加7.14%；加贸实际进出口货值386.48万美元，同比减少67.62%；征收保证金11.97万元，同比减少35.82%；征收税款1.95万元，同比减少93.69%；原产地签证233份，同比增加19.49%，签证金额3,578.09万美元，同比增加44.13%；注册企业53家，同比减少17.19%，辖区注册企业总计488家；签发危险货物包装使用鉴定结果单352份，出境货物电子底账271份，出境货物植物检疫证书89份；受理出口畜禽原料养殖场备案4家、进口粮储备库备案2家、进境粮食加工企业备案2家、出口食品生产企业备案3家。

全年，进出口检验检疫货物共1,202批次，货值12,279.7万美元，主要来源国家和地区包括美国、德国、澳大利亚、日本、印度、意大利等。

【党的建设】 2021年，阜新海关通过"三会一课"、专家授课、青年理论宣讲等形式，推动党员干部真信笃行、知行合一；坚持"第一议题"制度，建立完善学习、部署、督办、落实习近平总书记重要指示批示精神的闭环链条；深入开展安全生产整治，建立健全长效机制，以"点、线、面、域、体"着手，构建多维度立体安全生产体系，推动辖区安全生产各项工作落实落细。

扎实开展党史学习教育，聚焦责任落实，全面动员部署，细化具体举措，明确目标和责任主体，确保规定动作和创新活动安排有序；聚焦学思践悟，学好用好4

本指定书目，打造阜新海关党史学习读书角，增配红色经典书籍百余册，建立"知史爱党 知史爱国"微信群，参观阜新万人坑死难矿工纪念馆及"三一八"红色主题公园等爱国主义教育基地，组织全员收看庆祝中国共产党成立100周年大会直播，召开专题组织生活会；聚焦知行合一，扎实推动"我为群众办实事"活动，深入辖区进出口企业，深入社区开展为民服务志愿活动。

全面部署落实"现场监管与外勤执法权力寻租"专项整治工作，制订工作方案，将纪法教育、警示教育纳入支部学习计划，传达学习典型案例通报，用身边事警示教育身边人，开展集中学习60人次；组织一线执法同志参加纪法考试，明确工作全称、政策导向等，落实个人事项申报规定，撰写心得体会；以"解剖麻雀"方式检查执法一线科室工作情况，形成《阜新海关"现场监管与外勤执法权力寻租"专项整治工作廉政风险清单》；针对《沈阳海关"现场监管与外勤执法权力寻租"专项整治自查问题整改清单》进行全面梳理排查，认领阜新海关可能涉及的5个问题6项整改具体措施，并按要求开展整改；向社会公示通报"现场监管与外勤执法权力寻租"专项整治重点和举报途径，主动接受群众、企业、地方党政部门监督。

【税收征管】2021年，阜新海关开展宣传，扩大原产地优惠政策的宣传面和普及面，引导出口企业用足用好国际贸易中的优惠政策，促进企业充分享受国外减免关税优惠待遇，扩大出口创汇。推进RCEP原产地政策在阜新地区落地，重点完成市政府RCEP方案实施及自由贸易试验区经验复制反馈；完成稽查追补税税费计核1次；协助锦州海关完成1家公司涉嫌走私偷逃税款的计核工作，涉案8本加工贸易手册，涉案金额2,810.61万元；9月16日签发东盟证书，了解企业端申报情况，及时沟通相互协调，当月签发原产地证书22份，同比增长83.33%，签证金额433.83万美元，同比增长154.52%。

【海关统计】2021年，阜新海关向阜新市政府报送《阜新海关助推辖区外贸发展的瓶颈与对策研究》；8月，向阜新市政府报送《阜新海关关于阜新市2021年1—7月份外贸形势分析报告》，并获得主要领导批示；7月，撰写的对美进出口贸易分析被总署相关载体采纳并被国务院办公厅编发。

【动植物和食品检疫】2021年，阜新海关完成本年度国门生物安全监测工作，与沈阳海关技术中心签订了《国门生物安全监测技术服务》合同，在阜新彰武县哈尔套镇东哈村果园监控区域内发现苹果蠹蛾7头、地中海实蝇4个、桔小实蝇1个、瓜实蝇1个、蛋白诱饵1个；杂草监测普查区域在阜新新益达农工科贸有限公司仓库及其周边，发现主要杂草14种，未发现检疫性杂草；防范动物疫情传播和外来生物入侵风险。8月，在来自美国的一批进境盐湿牛皮中发现大量活体蝇蛆，第一时间监督企业进行全面消杀；参加4个现场评审考核组，对阜新地区4家出口畜禽原料养殖场、1家进境粮食加工企业和2家进口粮储备库，开展现场评审考核。

【商品检验】2021年，阜新海关辖区出口危险险学化学品及包装959批次，共检出出口危化品不合格30批次，包括28批初次不合格和2批最终不合格；沈阳海关对进出口危险化学品监管措施落实情况开展督察，重点涉及6个方面23项督察要点，阜新海关相关科室按照《督察要点及任务分解表》内容，结合工作职责开展自查，形成自查报告和相关报表，并接受沈阳海关实地检查。

【企业管理与稽查】2021年，阜新海关新开稽查作业2项，全部办结，稽查有效率100%；完成新开核查作业18项，查发率37.5%，作业办结率100%。办结常规稽查作业2项。

全年，对6家保税加工贸易企业和2家出口食品备案企业进行核查。按沈阳海关统一部署开展部门联合"双随机、一公开"抽查工作，与阜新市市场监督管理局联合对4家食品生产企业定期监管核查。

全年，设立保税加工贸易手册23本，核销手册27本；签发危险货物包装使用鉴定结果单352份；备案进出口收发货人44家，企业信息变更42家次。

【疫情防控】2021年，阜新海关参加由阜新市市场监督管理局牵头，市市场监督管理局、阜新海关、市商务局抽调人员联合成立市进口冷链食品疫情防控工作督查组，采取明察与暗访相结合的方式检查各县区进口冷链食品疫情防控工作落实情况，对全市食品生产经营单位、农贸市场、自建冷库和第三方冷库开展进口冷链食品彻查工作，同时对来自疫区冷链食品加大排查管控力度，强化管控责任，掌握底数，全面消除死角。督查全市冷库2家、农贸市场2家、食品生产经营企业4家。

辽阳海关

【概况】辽阳海关前身为沈阳海关驻辽阳办事处，1997年正式开始对外运行，办公区位于辽阳市白塔区青年大街75号，2019年辽阳海关正式挂牌成立。下设5个科室，分别为办公室、综合业务科、企业管理科、稽核科、查检科；下设1个事业单位，为辽阳海关综合技术服务中心。主要负责辽阳辖区进出口通关、属地监管、保税监管场所及海关特殊监管区域管理、检验检疫、税收征管、业务统计、辖区内企业管理及出境人员体检等业务工作。辽阳辖区主要出口商品为机电产品、未锻轧铝及铝材、服装及衣着附件；主要进口商品为机电产品、钢材和农产品。涉及出口竹木草制品、进出境木质包装、进境貂皮、出口北虫草检疫；出口危险化学品检验；危险化学品包装性能鉴定及使用鉴定等业务。

2021年，辽阳海关共开征税款1,547.9万元；监管进出口货运量109吨，货值22.2万美元，同比减少98.3%；受理进出口货物报关单（接单）40票，同比减少32.2%；签发各类原产地证书1,124份，签证金额7,755万美元，同比分别减少19.9%和增加4.0%；帮助企业获得进口方海关关税优惠约2,481.6万元；检验检疫业务进出口1,320批次，货值约4.5亿元，同比分别减少41.7%和15.6%。

【党的建设】2021年，辽阳海关扎实开展党史学习教育，制订《辽阳海关党史学习教育工作方案》，成立领导小组，明确工作步骤、时限要求和责任分工。学习习近平总书记重要讲话和指示批示精神，建立持续学习研讨习近平总书记"七一"重要讲话精神工作机制。党总支书记以《重温辉煌党史 牢记初心使命》《人无精神不立 国无精神不强》为题讲党课。同步开展培训活动，组织观看专题片《榜样5》《国家记忆》；参观辽阳市档案馆、白乙化故居、李兆麟故居；慰问退休老党员、为党员过政治生日；观看"红色电影"《建党伟业》、组织红色书籍阅读漂流活动、诵读"红色家书"《一个共产党员要经得起任何的风险、艰难困苦的考验》、传唱"红色歌曲"《党旗更鲜艳》；观看端午主题微视频，开展端午主题文化讲座，组织"端午闻书香"好书推荐活动。

【监管业务】2021年，辽阳海关落实危险化学品检验监管措施，构建"1+4+1"进出口危险品检验监管模式和"4+1+4"进出口危险品规范执法保障体系，防范化解危险品检验监管风险，全年检出危险化学品及包装不合格86批次，不合格检出率达16%。承办沈阳海关出口危险化学品泄漏应急处置实战演练，提升监管人员应急处置能力。强化动植食环节检疫监管工作，与沈阳海关综合技术中心合作开展国门生物安全监测，监测非检疫性杂草21种。加强进口储备粮审批和流向监管，确保进口储备粮安全入库，保障粮食安全。全面严把国门安全，与市相关部门开展联合执法，摸底调研进口食品冷库，集中销毁案值2,556元的无合法来源凭证进口冷链食品（包括30千克冷冻巴沙鱼柳和51千克冷冻猪肉），严格做好打击整治冻品走私严防境外疫情输入工作。

【企业管理与稽查】2021年，辽阳海关简化报关企业备案作业流程，做到"一次申请，一次办理"，实现全程网办；拓展"中国海关信用管理"微信平台使用渠道，在线解答企业疑难问题；打造关企交流沟通"直通车"，实现点对点无障碍沟通；与市商务局联合开展区域全面经济伙伴关系协定专题业务培训，提高企业国际竞争力。筛选确定13家企业作为培育对象，通过视频等方式进行信用培育13次，宣讲高级认证企业能够享受的优惠便利措施，指导企业准确理解把握最新政策，激励企业进一步提升信用等级。

落实"放管服"改革要求，加强报关单位注册登记、出口食品生产企业备案等信息核对工作，共对10家企业开展注册信息核对核查，有效防控业务监管风险。开展2021年度法定检验商品以外进出口商品抽查检验工作，对辖区内相关出口企业及商品出口情况进行摸底调查，并进行抽样送检。与辽阳市市场监督管理局联合开展"出口商品生产企业"抽查，共对5家出口竹木草生产加工企业和1家出口饲料注册生产企业开展监督管理工作，进一步强化监管优化服务，减轻企业负担。推进"网上电子审核"改革。配置必要拍摄、扫描等技术设备，将审核和送审所需资料及时、准确、完整上传至稽核查作业管理系统相关作业记录，累计完成稽核作业29项。

【优化营商环境】2021年，辽阳海关深入开展"我为群众办实事"实践活动，同地方政府及企业开展座谈，了解企业困难，宣传贯彻海关政策，推送海关服务。了解到某企业因疫情原因导致加工贸易合同无法按期履行，进口原料需内销征税，占用大量流动资金，出口变压器木质包装熏蒸工作存在路途远、时间长、费用高等困难，辽阳海关活用政策，设立新的熏蒸点，实现原产地证本地化办理，解企业燃眉之急，为企业节约流动资金60余万元。为保障灯塔市中心医院进口的医用血管造影 X 射线第一时间投入医疗救治，辽阳海关为院方快速安装调试，保障了人民群众的生命健康安全。与沈阳桃仙机场海关建立口岸内地海关协调联动机制，为中航油公司沈阳分公司与辽阳石化公司量身制定多项帮扶措施，提高企业通关效率。及时安排 2,500 吨航空煤油顺利报关入库，保障货运包机顺利启航。深入辽阳石化调研，制定"一企一策"帮扶措施，实行"预约+查验"模式，配合企业生产节奏，加班加点完成现场查检取样环节，提高属地查检工作效率，确保 4,050 吨、335.5 万美元柴油顺利出口蒙古国。为中油石油工程有限公司第一次派遣到非洲国家的出国人员讲解非洲地区流行疾病情况及流行病预防措施，发放国外流行传染病宣传手册及预防疾病用具，消除企业担忧。

【统计分析】2021 年，辽阳海关向辽阳市委、市政府报送《2021 年前三季度辽阳市外贸形势分析报告》，对辽阳市前三季度的外贸进出口主要情况、外贸经济主要特点进行统计分析，并对辽阳市外贸发展提出进一步建议；报送《RCEP 协定对辽阳市外贸经济发展影响及走势分析报告》，涵盖"辽阳市与 RCEP 成员国间外贸的基本情况、RCEP 协定对辽阳市进出口影响、推动落实 RCEP 协定的工作建议"等内容，获得辽阳市党政主要领导的批示和肯定。

【疫情防控】2021 年，辽阳海关梳理制订《辽阳海关防控新型冠状病毒感染的肺炎疫情工作方案》等 12 项疫情防控制度。组织开展常态化疫情防控培训和应急演练。与地方政府建立进口非冷链货物疫情防控联席会议机制和传染病预防控制工作协调机制，联合制订《辽阳市进口非冷链货物疫情防控工作方案》，形成监管合力，有效防范疫情传播风险。与辽阳市卫健委建立传染病预防控制工作协调机制，重点完善新冠肺炎疫情防控协作机制。定期召开联席会议，加强技术人员交流合作，共同开展流行病学调查、疫情分析等工作。建立信息技术共享与疫情动态通报制度，构建起发现病人、顺畅交接、定点治疗的疫情防控闭环管理模式。

【安全生产】2021 年，辽阳海关深入学习习近平总书记关于安全生产的重要论述、《中华人民共和国安全生产法》，观看《生命重于泰山——深入学习宣传习近平总书记关于安全生产的重要论述》《安全生产事故警示录》。对危险化学品监管、进出境动植物检疫、进出口食品安全、海关实验室安全管理、内部疫情防控、内部安全管理等领域进行排查，营造安全生产浓厚氛围。组织危化企业参与座谈，强化企业安全生产主体责任。与辽阳市应急管理局建立安全生产联防联控合作机制，承办出口危险化学品泄漏应急处置实战演练，提升监管人员应急处置能力。

铁岭海关

【概况】 铁岭海关于2019年正式挂牌成立，办公区位于铁岭经济开发区富州路68号，内设办公室、综合业务科、保税监管科、稽核科、查检科5个科室。其中，保税监管科派驻在铁岭保税物流中心（B型）办公。铁岭海关主要负责铁岭辖区海关征税、统计、缉私、监管、检验检疫以及铁岭保税物流中心（B型）监管通关工作。

【党的建设】 2021年，铁岭海关坚持以习近平新时代中国特色社会主义思想为指导，坚持"第一议题"制度，发挥党委理论学习中心组领学促学作用，组织集中学习28次，研讨52人次。加强党支部标准化规范化建设，坚持规定动作不走样、自选动作有创新，以党日活动为载体，严格落实"三会一课"等制度，开展集中学习研讨64次，开展主题党日活动24次。

开展党史学习教育，围绕新民主主义革命时期历史、社会主义革命和建设时期历史、改革开放新时期历史、党的十八大以来历史安排专题学习40余次，各支部书记讲党课7次。组织集中收看"七一"大会、海关总署e课堂、沈阳海关机关党史学习教育宣讲，通过党委理论学习中心组学习、"三会一课"等形式，认真组织学习习近平总书记"七一"重要讲话精神，开展集中学习46次，研讨178人次。组织召开党史学习教育专题组织生活会，查摆、整改问题10个。联合铁西海关、浑南海关、沈阳海关保健中心开展红色家书讲述、红色歌曲演唱、党史知识竞赛等活动。开展"党旗在基层一线高高飘扬"和"我为群众办实事"实践活动，制定重点民生项目清单14项，解决企业、群众"急难愁盼"问题12个。

开展"现场监管与外勤执法权力寻租"专项整治，认真组织开展违规事项个人申报、撰写心得体会、纪法教育、警示教育等工作。针对总署巡视反馈涉及铁岭海关的3个问题研究细化具体整改措施，按时完成2个主办问题责任分析和问题整改，主动认领问题28条，举一反三问题5条，制定整改措施12项。针对沈阳海关巡察反馈，分析原因、认领问题、制订整改方案，落实主体责任，按时完成问题整改并通过沈阳海关巡察办的现场评审。

认真落实《铁岭海关全面从严治党主体责任清单》，修订铁岭海关党委工作规则和议事清单。坚持民主集中制，及时报告重大事项。坚持德才兼备、以德为先，切实做好选人用人工作。紧盯重点人群，切实做好意识形态工作。严格执行中央八项规定及其实施细则精神，严格办公用房和交流干部住房标准。每季度组织召开1次廉政风险分析会，每年组织召开1次特约监督员座谈会。加强与党委第三派驻纪检组的联系配合，及时报告"三重一大"事项。扎实组织开展"内务规范强化月"和"警示教育月"活动，坚决杜绝酒驾醉驾。

【监管业务】2021年，铁岭海关顺利实施沈阳关区内和跨关区进口大豆"两段准入"附条件提离监管模式，在保证进口大豆监管安全前提下，大豆从口岸直提至仓库，放行时间平均缩短了三分之二，有效减少了货物在口岸的积压，节省了企业的物流仓储费用，缓解了企业原料紧张局面。1~5月，铁岭关区进口大豆共有4批、23.3万吨，采用了"两段准入"附条件提离模式，占进口总量的80%。支持铁岭保税物流中心建设和功能拓展，全年中心实现进出口货值2亿元，在新冠肺炎疫情影响下，与2020年基本持平。协调沈阳海关职能部门及口岸海关部门，推行"两步申报""提前申报"等海关监管措施，保障岭电厂100万吨进口煤炭快速通关，保障辖区生产生活电力供应和居民供暖民生需求，受到市委市政府和企业的表扬和肯定。围绕鸡肉、果蔬、中药材等铁岭特色出口农产品，推广"企业+基地+标准化"生产经营模式，加强种养殖基地规范管理，培育铁岭农产品出口品牌。全年，新增出口种植、养殖基地3个，全市出口种植、养殖基地总数达40个。探索实施"以企业为单元"的加工贸易账册，服务西丰鹿产业来/进料加工贸易发展，全年西丰鹿茸出口1亿元，同比增长31.9%；进口2.8亿元，同比增长119.8%。

全年，铁岭查出出口危险品包装不合格27批，查获2批、4件违规进口旧压力容器。对辖区2家企业开展稽查作业。完成铁岭海关首件"两简"案件的处罚，处以罚金1,520元。认真贯彻落实习近平总书记在中共中央政治局第三十三次集体学习时的重要讲话精神，设置9个检疫性实蝇监测点，对2批进境种鸡进行动物疫病监测，对2家进境粮食加工厂、5家进境粮食储备库开展外来杂草普查，发现检疫性杂草2批。与铁岭市市场监督管理局开展联合抽查8次，完成各类核查作业29个，开展进境大豆后续监管专项行动1次，办理常规稽查作业3件。

【税收征管】2021年，铁岭海关针对主要应税商品，在价格、归类、原产地、运保费、规范申报等方面进行有针对性的专项研究，提升一线人员业务能力；掌握政策要求，组织相关人员加强对海关最新税收征管政策和估价技术的学习研究，吃透精神、掌握标准，针对辖区进口煤炭、大豆等大宗商品特点，研究制定税收操作指南，确保业务操作程序规范；加强风险管控，开展税收监控分析，运用"新海廉"平台认真梳理查找综合治税工作中可能存在的风险隐患，对滞期费漏计或少计风险进行逐一排查；强化属地管理，建立纳税企业底账，开展纳税遵从度评估，提供合规申报引导，实施差别化合规管理服务；开展税政调研，通过对辖区重点企业进行实地走访，宣传属地申报优势，听取企业合理政策需求，及时制定针对性服务措施，以优质、便利、高效服务，吸引企业报关纳税从口岸回流。

【动植物和食品检疫】2021年，铁岭海关在进境种鸡检疫时检出全国首例禽白血病，第一时间启动应急响应机制，依法对648只阳性病例所系种鸡进行扑杀处理，及时斩断疫情传播途径，并据此启动了该货物进口国输华种禽议定书修订工作。

制定《进口冷冻鹿茸属地查验工作操作指引》《进口冷冻鹿茸新冠疫情防控工作安全防护操作指引》，主动与铁岭市、西丰县防指联系沟通，明确海关、地方政府与进口企业的责任。自新冠肺炎疫情常态化以来，共查验进口冷冻鹿茸81批、773吨，确保新冠肺炎和进境动物制品疫情防控安全。

【疫情防控】2021年，铁岭海关落实常态化疫情防控各项工作措施，坚持"日报告"制度，保障办公区域安全。制定《铁岭海关关于进一步加严当前疫情防控措施的工作方案》等6项制度，建立了"培训考核、监督管理、自查督查"三位一体安全防护体系以及"岗前检查、工作巡查、全程督查"和"双人作业、互相监督"的安全防护监督制度。督促地方落实主体责任，严格做好进口冷冻鹿茸和高风险非冷链集装箱货物的查验监管和预防性消毒工作。

【财务及后勤保障】2021年，铁岭海关制定政府采购、非政府采购、经费审批、基本建设、公有住房、公务用车、办公用品、办公家具等管理细则，明确采购流程、审批权限、支出权限及工作责任，通过健全制度、堵塞漏洞、强化管理。建立健全内部控制关键岗位责任制，确保岗位相互分离、相互制约和相互监督。通过牵头实施片区财务稽核和科室内控清单建设，进一步加强财务管理内部控制，定期对财务账目进行核查，确保做到日结月清，推动财务管理程序清、关口严。对办公楼厕所进行改造，对办公区院墙、围栏进行修缮，对办公楼外墙重新进行粉刷，铺设大院柏油地面，建设全楼视频监控系统，新建职工健身房、淋浴间、电子书吧、党员活动室。

辽宁朝阳海关

【概况】辽宁朝阳海关于2019年正式挂牌成立，内设4个科室，分别为办公室、查检科、稽核科、综合业务科；下属1个事业单位，为辽宁朝阳海关综合技术服务中心。主要承担朝阳市及其下辖县区的进出口通关、属地监管、检验检疫、保税监管场所及海关特殊监管区域管理、税收征管、业务统计及朝阳地区企业管理、后续监管等属地管理职责。

2021年，辽宁朝阳海关共接受出入境货物及包装报检901批。其中，出口产品主要为机电产品、钢材、蜂产品等；进口产品主要为金属矿及矿砂、天然及合成橡胶、百合种球等。签发产地证1,088份，签证金额为1.09亿美元，减免关税约为543.85万美元。

【党的建设】2021年，辽宁朝阳海关加强政治机关建设，严格落实"第一议题"制度，将贯彻落实习近平总书记重要讲话和重要指示批示精神作为形势分析及工作督查例会"第一议题"。坚持党建引领，强基提质抓好"四强"党支部建设，办公室党支部和查检科党支部于2020年被评为沈阳海关"四强"党支部，并通过复核；查检科党支部持续擦亮"向阳花"党建品牌，以品牌建设为依托强制度、求创新、促发展，推动支部党建工作高质量发展，其"向阳花"党建品牌被中共海关总署委员会授予2019年度海关基层党建品牌，2021年度复核认定为全国海关党建示范品牌。

开展党史学习教育工作，认真学习《论中国共产党历史》等4本必读书目，及时跟进学习《习近平关于全面从严治党论述摘编》等，营造浓厚学习氛围；制订工作方案，细化党史学习教育工作要点，编制任务清单；宣讲陈镜湖、郭俊卿等朝阳籍英雄的事迹，感悟初心使命；推送136期《党史百年天天读》，组织8期"每周一练"，组织参加"党在我心中"党史知识竞赛全员满分；与企业党支部联合开展党日活动，参观红色文化教育基地；持续学习习近平总书记"七一"重要讲话精神，撰写心得体会。认真开展"我为群众办实事"实践活动，通过电话咨询和企业调研，解决问题15个；找准职工急难愁盼问题，解决历史遗留的基建决算和结算、经费缺口大等问题6件。

【税收征管】 2021年，辽宁朝阳海关税收入库41.58万元。深入辖区膨润土企业多渠道开展税政调研，为国家税收政策制定建言献策，提报的进口膨润土税率从3%降低至1%的税政调研建议被国务院关税税则委员会采纳，并于2022年1月1日开始实施。开展属地纳税人企业底账填制工作，朝阳地区两家企业被纳入属地纳税人管理前30家企业。

【海关统计】 2021年，辽宁朝阳海关依托2020年朝阳市外贸进出口情况，分析数据，研究朝阳市外贸进出口主要特点、优势、劣势等。结合贸易数据，建议以政府为主导，运用"互联网+"搭建对外宣传推介媒介，让企业及时了解、正确理解、切实感受到改革为企业带来的红利。同时以政府牵头，联合海关、商务、市场监管部门建立信息共享与联动协作机制，宣传解读政策法律法规、"放管服"改革措施，增强企业获得感和认同感，外贸数据回流成效显现。

【动植物和食品检疫】 2021年，辽宁朝阳海关进出口动植物检疫主要为出口植物产品（其中包括菌棒、竹木草制品、玉米芯制品及木质包装）、进口花卉种球目的地查验以及进口粮食后续监管等。全年，对朝阳地区6家进口储备粮库开展杂草普查，对1家果蔬种植基地开展实蝇监测及苹果蠹蛾、舞毒蛾监测，对朝阳地区千余亩出口种子种植基地开展田间检查及病害监测，调查地块6.7万余平方米、300余个监测点，覆盖10余个出口种子品种。辽宁朝阳海关采取"实地+视频"考核方式，为6家出境种苗花卉生产企业办理注册登记，增加备案基地73.3万余平方米，备案时间缩短70%；联合铁西海关、沈阳海关技术中心，构筑"出口布控+田间检疫+技术服务"全链条监管模式，切实解决出口种苗实际困难。4月，农业农村部新闻办公室发布辽宁省沈阳市发生野禽H5N6亚型高致病性禽流感疫情后，辽宁朝阳海关立即启动应急响应机制，与市场监管、动物防疫部门信息沟通，密切配合，做好联防联控，做好疫情、舆情应对。6月，辽宁朝阳海关保障第一批9,950.12吨国家一次性储备大豆顺利出库，指导存储企业全程应用粮食调运系统，与流向地海关、调运企业建立联络机制，确保出库大豆装车及时，降低企业运输成本。9月，辽宁朝阳海关指导朝阳地区3家木质包装热处理企业获得检疫处理标识加施资质。11月，朝阳喀左某公司3,000千克猫粮从天津港出口越南，为朝阳地区首次出口宠物食品。辽宁朝阳海关结合企业实际情况和产品特点，加强风险分析，根据输入国要求和针对性风险评估，合理制订施检方案，合格后及时出证放行。

【商品检验】 2021年，辽宁朝阳海关检验的进口产品主要为机电产品和医疗器械，出口商品主要有危险化学品、轮胎、铁粉。全年，检验监管出口危险化学品79批次，重14,279.6吨，货值为1,361.2万美元；检出不合格出口危险品及其包装9批次，重2,025.4吨，货值175.1万美元，不合格检出率11.4%。6月，辽宁朝阳海关完成总署对必须实施检验的进出口商品目录调整后首批20吨、货值12.7万元出口铁粉的属地查验。辽宁朝阳海关向朝阳地区近100家进出口企业宣传总署最新公告，引导企业应对政策调整，针对涉及目录调整的出口企业缺乏申报经验问题，设置专门窗口，回应解答企业需求，指导企业合规申报，严格按照系统抽批规则及布控指令制订查验方案，切实保障现场执法规范性。9月，辽宁朝阳海关对7家出口危险化学品生产企业开展调研，关注在有序供电背景下危险化学品安全风险，全面了解企业供电状况及生产、停产情况，排查分析潜在安全隐患，指导企业采取应对措施，帮助建立应急预案，进一步完善操作规程，强化防护设备配备及巡检布控，有效防范安全风险。

【企业管理与稽查】2021年，辽宁朝阳海关对朝阳地区9家加工贸易企业建立信息资料库，随时掌握企业相关情况和实际需求，指导企业用足用好海关各项优惠政策，稳定加工贸易发展，促进产业优化升级；与重点加贸企业建立"一对一"关企联系机制，制定详细服务政策，指导企业诚信守法规范经营，推动企业入选总署首批"一带一路"信用培育行列；对属地企业异地报关情况进行深入调研，查找异地报关原因，制定3条工作措施，促进朝阳地区外贸发展。

全年，开展核查作业17个，其中风险指令类核查作业11个、定期管理类作业6个；开展常规稽查作业2个，实现辽宁朝阳海关首次稽查补税。6~10月，辽宁朝阳海关与朝阳市市场监督管理局联合开展了"出口饲料和饲料添加剂注册生产、加工、存放企业"和"出口备案食品生产企业"抽查检查。依托辽宁省"互联网+监管"系统，随机抽取朝阳地区饲料添加剂生产企业2家和出口备案食品生产企业5家进行了现场检查并将检查结果在"互联网+监管"系统进行了公示。

【法治建设】2021年，辽宁朝阳海关紧贴《中华人民共和国民法典》颁布一年来对海关工作的作用和影响，以"《民法典》与海关"为主题，参加"美好生活·民法典相伴"主题宣传活动。有计划、有步骤对《中华人民共和国宪法》《中华人民共和国数据安全法》等法律法规开展宣传。全年共开展各类法制宣传8次。

葫芦岛海关

【概况】葫芦岛海关于2000年5月正式开关，办公区位于葫芦岛市龙港区龙湾大街37-2号。内设办公室、综合业务科、稽核科、监管一科、监管二科、监管三科6个科室。主要职责为：承担葫芦岛港进出境运输工具、人员、进出口货物、物品等口岸监管（含保税监管场所及海关特殊监管区域）、检验检疫职责；承担葫芦岛市及其下辖县区的进出口通关、属地监管、税收征管、业务统计及辖区内企业管理、后续监管等属地管理职责；负责党的基层组织建设和干部队伍建设；完成直属海关交办的其他工作。

2021年，葫芦岛海关入库税款9.23亿元，监管货运量259.2万吨，货值17.6亿美元。报关单接单263份，其中进口206份、出口57份。缮制检验检疫证书1,876份。商品检验43批，重量46.3万吨，货值6.5亿美元，与2020年同期基本持平。

【党的建设】2021年，葫芦岛海关坚持政治统领，扎实推动政治建关，坚定做到"两个维护"。深化"第一议题"制度，深入学习贯彻习近平新时代中国特色社会主义思想，巩固深化学习、部署、督办、落实习近平总书记重要指示批示精神的管理闭环链条。深入落实意识形态工作责任制，严明政治纪律和政治规矩。深入推进巡视整改工作。持续压实主体责任，推动全面从严治党。扎实推进"现场监管与外勤执法权力寻租"专项整治工作。通过多种形式对242家企业开展宣传，共查找风险表现形式141条，共自查申报28人次，自查各类业务数据1,740条次。

扎实开展党史学习教育，制定党史学习教育任务计划表，有序推进各项学习任务完成，开展支部专题组织生活会，梳理整改事项29项、整改措施48条。开展系列活动庆祝中国共产党建党100周年。推进10个方面"我为群众办实事"实践活动任务措施，收集调研问卷40余份，征集意见30条，汇总10项，梳理问题清单9条，支持中俄核能合作项目徐大堡核电站顺利开工等工作得到《新闻联播》《辽宁日报》《中国国门时报》等有关媒体宣传报道。

【监管业务】2021年，葫芦岛海关开展"口岸天平行动"，检出短重26批，1,791.72吨。完善口岸物流监控管理，加强船舶进出境审核，征收船舶吨税117.81万元，开具吨税执照24份，共监管供船伙食、物料34批次。开展海关监管作业场所现场巡查工作16次，对辖区内的海关监管作业场所进行自查工作，对发现问题组织整改。加强口岸货物监管。做到随机查验、随机布控，规范查验程序，查验报关单53票，货运量59.23万吨。

【疫情防控】2021年，葫芦岛海关加大入境船舶及人员检疫查验力度，严格落实总署"三查三排一转运"工作要求。加严船舶登临检疫人员封闭管理，严格执行封闭管理期间登临检疫人员封闭管理及新冠病毒核酸检测等要求。加强检疫人员安全防护管理，在泊位附近改造防护服穿脱专用房间，组织集中应急处置培训演练，采取线上线下相结合方式开展疫情防控、安全防护及职业暴露等方面知识培训12次，通过现场监督、视频连线方式监督共计34次。与锦州海关统筹开展入境船舶卫生检疫工作，共同举办船舶检疫工作业务培训会。严格执行疫情内部防控相关措施，购置非接触式热成像显示测温设备，强化一线防疫隔离人员保障工作，开展核酸检测工作，提高疫情防控整体工作水平。全年，共检疫查验进出境船舶51艘次，其中进境船舶28艘次、出境船舶23艘次；查验进出境人员1,025人次，其中进境人员554人次、出境人员471人次，开展医学巡查及核酸采样检测554人次。

【税收征管】2021年，葫芦岛海关对重点税源企业进行调研，掌握企业进出口计划，进行年度税收测算，实施跟进税收进度，反馈税收情况，完成税收工作目标。强化属地纳税人管理，应用"自报自缴"、汇总征税政策，开展进口差额担保，减少企业成本，减少担保金额1.1亿元。报送税政调研报告2篇，被总署税收征管局采用，上报减免税工作建议1篇。

【海关统计】2021年，葫芦岛海关向地方党政部门提供政策建议2次、开展葫芦岛市进出口贸易分析9篇、与锦州海关共同完成关级课题研究《葫芦岛海关海运集装箱运力运价问题研究》。

【查缉走私】2021年，葫芦岛海关制订打击走私"国门利剑2021"行动实施方案，加强对重点行业、重点企业、重点商品分析研判，全面规范企业进出口行为。首次办理"涉检案件"，办理同江市某进出口贸易有限公司违规存储进口大豆案件，处以罚款1.5万元。

【商品检验】2021年，葫芦岛海关开展"蓝天2021"专项行动，商品检验43批、货值6.5亿美元。完善进出口商品质量安全风险预警和快速反应监管体系，检出不合格40票，不合格率93%。监管进口锌精矿16.67万吨。监管进境粮食16.7万吨。强化进出口危险化学品检验监管。建立进出口危险品检验监管工作机制，通过关领导跟班作业、监督抽查等方式强化安全生产意识，及时研究解决工作风险隐患。全年，共检验监管危险化学品329批、货值8,882万美元，同比分别增长61.27%、19.94倍。落实"四个最严"要求，强化食品安全风险管理。牢固树立进出口食品安全理念，强化风险数据分析和应用，对出口食品开展多种监管措施。全年，共监管出口食品农产品1,020批次，全部实现顺利出口。统筹联防联控，与葫芦岛市卫健委、出入境边防检查站、海事局、商务局等部门签署安全生产合作备忘录。组织辖区企业播放《应急时刻 辽宁力量》和新《中华人民共和国安全生产法》公益广告4万余次。

【企业管理和稽核查】2021年，葫芦岛海关完成风险类核查作业40家、定期管理类核查作业8家。加强对大宗散货公式定价货物的审核。开展18家"出口不收汇"企业专项调查；与锦州海关开展企业注册信息专项核查6家，发现问题3家；完成对辖区8家进出口企业2021年度技术性贸易措施影响调查；完成沈阳海关下发的拟开展24家目录外抽查企业的调研摸底工作。首次办理花生退运调查等业务，与市市场监督管理局完成联合抽查企业6家，移交锦州海关缉私分局行政案件1起。

【优化营商环境】2021年，葫芦岛海关深化"证照分离"改革，对"报关企业注册登记""出口食品生产企业备案核准"实施备案管理，共签发原产地证书912份；保持国际贸易"单一窗口"主要业务应用率达100%。推动加工贸易及保税监管集约化改革实施，备案金额1.23亿美元，进口"提前申报"率50%以上，出口"提前申报"率100%。巩固压缩整体通关时间成果，实时监控通关时间，及时处置通关异常状况，2021年进口、出口整体通关时间均符合压缩整体通关时间工作目标要求。通过深入企业实地调研、线上答疑解惑等开展宣讲55次，推进知识产权保护，服务新办钼精矿加工贸易企业，帮助企业用足用好优惠政策。

扶持优势特色产品出口，助推葫芦岛市花生拓展海外市场。与地方政府及农业部门，在质量安全、品牌培育、检验检测等方面为花生出口定制优化监管服务，针对新冠肺炎疫情期间海运费用上涨，企业"一箱难求"的实际情况，开通绿色通道，实行提前检验，保障出口花生"零等待"。全年，出口花生273批，货值1,912.23万美元，同比分别增长25.81%、16.22%。助推水产品出口香港，服务粤港澳大湾区发展。全面排查出口水产品质量安全管理风险隐患，优化自检自控体系有效对接香港地区检验检疫准入程序和标准要求。全年，共监管供港水产品218批次、1,581.62万元，同比分别增长35.42%、76.63%。

【保障重点项目】2021年，葫芦岛海关成立工作专班，研究制订支持徐大堡核电站项目建设工作方案，发挥政策叠加效应。建立全链条跟踪服务模式，深入企业现场调研4次，召开企业联席会议6次，建立每周沟通机制，编发葫芦岛海关支持徐大堡核电站项目建设工作周报8期。创新海关监管手段，"量身定制"徐大堡核电站进口核电设备"船船直取"模式监管措施，解决进口成套设备因尺寸、重量较大无法卸载至监管作业场所等难题，经测算，单次"船船直取"作业可节约生产成本100万余元。

沈抚新区海关

【概况】 沈抚新区海关于2018年12月经总署批准设立，2020年正式挂牌成立，办公区位于沈阳市浑南区金枫街与浑南东路交汇处通航大厦。内设办公室、综合业务科、稽核科、查检科4个科室。主要负责沈抚改革创新示范区内的海关业务，辖区包括沈阳片区汪家街道、深井子街道和抚顺片区李石街道、高湾经济区、拉古乡，承担上述区域内的进出口通关、属地监管、检验检疫、税收征管、业务统计及辖区内企业管理、加工贸易及保税监管、后续监管等属地管理职责，以及沈阳市沈北新区进出口企业的属地查检工作。

2021年，沈抚新区海关共出具检疫检验证书2,844份，审核通过电子底账1,341份，原产地证书64份，出口报关单8票，加工贸易电子手册设立4本，出口海关通关时间为0.08小时。受理出境货物申请2,089批次，进境查验84批次。出口饲料1,523批次共3.98万吨，合计9.65亿元。木质包装除害处理审批128批次，出具热合格凭证259单，热处理2.04万件。现有备案企业219家，其中由其他隶属海关划转管理及变更203家，新备案企业16家。

【党的建设】 2021年，沈抚新区海关落实"第一议题"制度，开展党委理论学习中心组学习研讨13次、理论宣讲5人次，引导关员增强"四个意识"、坚定"四个自信"、做到"两个维护"，不断强化党员干部政治纪律观念和规矩意识，全力推进"五关建设"向纵深发展。党委理论学习中心组、各党支部结合实际制订党史学习教育专题组织生活会工作方案，配发党史学习教育指定学习材料76本，开展主题党日活动10次和读书会、讲堂等活动4次，上报党史学习周报及阶段性情况统计表共32份。强化日常作风养成，深入开展"内务规范强化月"活动，编写并下发"沈抚新区海关致家属一封公开信"和"沈抚新区海关2021年警示教育月廉政家风调查问卷"，加强纪律作风教育和干部职工"八小时外"管理，严防酒驾醉驾问题，开展考勤、内务检查36次。深入开展"现场监管与外勤执法权力寻租"专项整治，召开动员部署会议、制发工作方案，组织现场监管与外勤执法人员开展个人违规事项申报。执法一线科室开展自查，填制廉政风险清单，制定整改清单和整改措施。《沈阳海关"现场监管与外勤执法权力寻租"专项整治实地检查反馈意见整改清单》沈抚新区海关认领整改任务13项，《沈阳海关廉政风险防控清单》沈抚新区海关认领整改任务9项，全部完成整改。

落实巡视整改推进工作"六项机制"，建立巡视整改清单、工作台账、督办清单，联合党委第五派驻纪检组组织对会议记录、建章立制情况进行检查；对照沈阳海关机关巡视整改任务制定分解清单，认领4个方面14类29个问题，细化整改措施50项，修订《沈抚新区海关党委议事清单》《沈抚新区海关疫情防控工作方案》等工作制度10项。

【职责调整】2021年9月1日，总署批复增设沈抚改革创新示范区海关统计经济区划代码。与沈阳海关综合处、人教处等7个部门沟通，梳理出拟增加属地管理职责7项，新增加工贸易及保税监管、行政审批等5项窗口业务进驻沈抚改革创新示范区政务服务中心。梳理应划转主管海关企业200余家，全部完成主管海关备案变更。

【税收征管】2021年，沈抚新区海关推广原产地证书自助打印"秒打"服务，面向辖区企业开展调研，汇总建议意见4条，针对企业反馈内容开展自助打印"点对点"帮扶工作。与沈抚政务服务中心沟通，为企业提供自助打印操作服务窗口。全年，共签发原产地证书64份，自助打印47份，自助打印率73.44%。

【动植物和食品检疫】2021年，沈抚新区海关编制《沈抚新区海关落实2021年度进境禽鸟疫病检测计划方案》《沈抚新区海关进境鸡雏检验检疫监管方案》《沈抚新区海关非洲猪瘟防控工作预案》，梳理国门生物安全方面海关职能。健全动植物检疫风险评估机制，对隐患较大和问题高发产品实施清单管理，完善监测信息报告渠道。构建智慧监管体系，查检过程中严格使用单兵系统与执法记录仪等设备，从技术层面落实国门生物安全现场监管与外勤执法的各项要求。完成1.3万羽进境种鸡的检疫监管和涉及2021年国门生物安全检测计划的全部检测项目。持续关注境外和辽宁各地松材线虫病疫情检出信息，及时向辖区涉及木质包装企业和除害处理标识加施企业宣讲松材线虫病疫情输入风险及防范措施；结合辽宁省"秋风2021"疫木专项整治行动建立工作台账，加强对进境货物及木质包装的现场查验和日常监管；共发现进境木质包装物未加施IPPC标识情况2例，出具"检验检疫处理通知书"并取样送实验室检测，在海关监督下对木质包装进行检疫处理；运用海关内部控制与监督子系统（HLS2017）对进境货物木质包装IPPC标识加施开展专项核查，对重点企业及高风险货物着重审核逐票分析；实地参加木质包装除害处理标识加施企业专项检查,上报《沈阳海关所辖沈抚新区海关关于进境货物木质包装IPPC加施情况专项核查报告》。

线上开展"出口食品企业海关业务法规咨询活动",宣讲食品安全标准法规及行标,解答企业关于出口食品安全风险问题20条;深入辖区食品企业,现场对从业人员进行食品安全业务培训,督促企业建立完善的质量安全保障体系;强化出口食品检疫监管,严格按照食品安全风险监控要求对熟制禽类制品进行抽批取样,做好出口肉禽类制品源头管控。

【优化营商环境】2021年,沈抚新区海关参与沈抚改革创新示范区"改革开放新高地"建设,与示范区开放合作局共同设立的国际贸易"单一窗口"线下服务窗口在沈抚改革创新示范区政务服务中心正式运行,按照以线下促线上的方式,对国际贸易"单一窗口"进行推广与使用。对接小微企业,帮扶解决新产品增项、特殊地区证书要求、货物冷链运输等问题;开通"绿色通道",解决建材商品出口企业因受疫情影响船期不定的难题,做到"随报随检、快速出证";向企业宣讲国外准入政策变化,保障饲料生产企业产品顺利出口。持续推进"我为群众做实事",先后解决"辽宁禾丰食品股份有限公司5,000吨大豆滞港难题""保障2021年沈阳地区首批进境种禽隔离检疫工作顺利开展""简化沈阳香雪面粉股份有限公司出口申报单据指导企业完善HACCP体系建设""助力中国自主研发的皮卡重组蛋白新型冠状病毒疫苗出口阿联酋开展临床试验"等企业诉求。

【安全生产】2021年,沈抚新区海关梳理安全风险隐患排查清单,对值班值守、机要保密纪律、内部疫情防控、内部安全防范和进出口危险品检验工作作出部署,组织对3项21个重要点位进行自查,制定整改措施。严格执行24小时值班制度,杜绝缺岗漏岗,开展灾害避险逃生、自救互救演练,熟悉应急处置流程,组织驾驶员开展汛期交通安全教育,严防通勤及"八小时外"交通事故。

【疫情防控】2021年,沈抚新区海关成立沈抚新区海关疫情防控工作领导小组,制订《沈抚新区海关疫情防控工作方案》,设立应急防护物资储备库,每月组织盘点,每周将防护物资下发到人;落实"应检尽检""应接尽接"要求和"零报告 日报告"制度,因公出差、因私出行按照干部管理权限严格履行三级审批。

第八篇

大事记

大事记

1月

▲8日 沈阳海关会同财政部辽宁监管局、辽宁省税务局和国家外汇管理局辽宁省分局组成联合验收组,顺利完成对锦州港保税物流中心(B型)的预验收工作。

▲29日 由沈阳海关、财政部辽宁监管局、辽宁省税务局、国家外汇管理局辽宁省分局组成的联合验收组,一致同意锦州港保税物流中心(B型)通过验收。

2月

▲4日 召开2021年沈阳海关工作会议、全面从严治党工作会议,关长郝炜明做讲话,总结回顾2020年和"十三五"时期关区工作取得的成绩,分析当前面临的新形势、新任务、新要求,明确2021年总体工作思路,对2021年重点工作做出具体部署。党委纪检组组长姜继远主持会议。关党委委员,一级、二级巡视员,总工程师,各部门负责人,缉私局其他党组成员及相关部门负责人在主会场参加会议。各部门副处级领导干部,各隶属海关单位、党委派驻纪检组、缉私分局、事业单位副处级以上领导干部及各科室负责人在各分会场以视频连线方式收听收看。

锦州海关根据风险布控指令首次检出入境船舶船员新冠病毒核酸阳性。

▲24日 铁岭海关完成2021年首批从新西兰进境的种用鸡检疫通关工作,数量6.65万只,货值183.8万美元。

3月

▲1日 邮局海关首次验放以货运包机形式运输的跨境电商(9610)出口包裹。当日验放搭载沈阳直飞伦敦货运包机的包裹1.7万件,重量4.9吨,总货值73.7万元。

▲2日 沈阳海关缉私局协助广州海关缉私局开展"奋斗03"打击水客走私专项行动,在总署缉私局的统一指挥下,该局协助抓获犯罪嫌疑人1名,现场查扣证据单证1批,该案案值2.5亿元。

机场海关全力保障南航沈阳至伦敦"客改货"航班顺利首飞，共监管出境货物634件、23.73吨。

▲4日　沈阳海关应用"H2018新一代减免税管理子系统"完成首票单证审核。

▲8日　辽中海关积极支持沈阳地区特色食用菌北虫草首次出口韩国，总重106千克。

▲9日　沈阳海关首次在快件渠道查获兽药类物品。

▲11日　辽中海关精准施策助力沈阳特色松茸酒实现出口，首批252升松茸酒顺利出口韩国。

▲12日　沈阳海关召开"现场监管与外勤执法权力寻租"专项整治工作动员部署会议，关长郝炜明做动员部署讲话，党委纪检组组长姜继远通报工作安排。

▲15日　关长郝炜明、党委纪检组组长姜继远、缉私局局长赵春平、副关长苏英华、副关长吴刚、副关长齐溟在沈阳海关收听收看全国海关党史学习教育动员会。

▲22日　沈阳海关新一代风险作业子系统非贸模块邮递应用顺利上线。

▲24日　关长郝炜明、副关长苏英华、副关长吴刚在沈阳海关会见辽宁省商务厅厅长宋彦麟一行。双方就推动辽宁省外贸稳增长、共同推进RCEP落实、加强外贸统计分析、开展外贸政策宣讲、推进综合保税区高质量发展等事宜深入交流意见。

▲25日　沈阳海关移动P2+实验室经过辽宁省卫健委专家现场评审顺利取得二级生物安全实验室备案资质。该移动实验室投入使用后，沈阳空港口岸核酸日检测能力可达到3,000份，有效提高口岸检测工作能力水平。

▲28日　沈阳海关保障辽宁省首班国际中转中欧班列韩国仁川—中国沈阳—德国杜伊斯堡开行。该班列货物由韩国仁川首发，经辽宁港集运后入沈阳综合保税区集拼，通过中欧班列运至德国杜伊斯堡，陆路全程约1.1万千米，全程运行约25天，共搭载38个集装箱，载有汽车配件、金属材料等572.9吨，货值1,344.5万元。

沈阳海关监管首列沈阳—阿拉山口线路中欧班列正式开行。这标志着中欧班列线路继沈阳至满洲里、二连浩特、绥芬河等线路后增加到4条，辐射马拉舍维奇、汉堡、华沙、杜伊斯堡等沿线城市。

4月

▲13日　总署党委第三巡视组与沈阳海关党委召开巡视见面会，并召开巡视沈阳海关党委工作动员会。

▲20日　沈阳海关华晨集团破产重整专项工作小组参加华晨汽车集团控股有限公司等12家企业实质合并重整案第一次债权人会议。

▲21日 关长郝炜明在沈阳海关会见总署缉私局政治督察工作组组长邵安军,表示将全力支持配合政治督察工作。

副关长齐湨参加沈阳海关在辽宁省政府新闻办举办的沈阳海关认证企业(AEO)管理措施目录新闻发布会。

▲26日 关长郝炜明、党委纪检组组长姜继远、政治部主任韩勇参加沈阳海关党委2021年巡察工作动员部署会。

▲29日 沈阳海关首次开展船舶保税燃料油跨关区直供业务,当日大连供油船舶装载的550吨保税燃料油顺利注入锦州港泊位货轮。

邮局海关刘东生同志被辽宁省委、省政府授予辽宁省抗击新冠肺炎疫情先进个人。

5月

▲12日 铁西海关完成华晨宝马汽车有限公司出口中国—瑞士自贸区原产地证书签证工作,为关区首份新能源汽车整车出口优惠原产地证书。

▲13日 浑南海关为沈阳东北制药进出口贸易有限公司签发关区RCEP原产地信息化应用平台首份原产地证书。

▲18日 总署副署长王令浚致电沈阳海关关长郝炜明,了解近期沈阳市新冠肺炎疫情防控工作有关情况,指导沈阳海关做好疫情防控工作,慰问关区全体干部职工。

▲28日 沈阳市市长王新伟一行到沈阳海关调研。副市长李松林、省机场管理集团董事长王维华、沈阳市有关部门负责人,沈阳海关党委纪检组组长姜继远、副关长苏英华、副关长吴刚、政治部主任韩勇、副关长齐湨及相关部门负责人参加。

▲31日 沈阳海关监管首列沈阳经霍尔果斯口岸出境中欧班列正式开行。这是辽宁省经霍尔果斯口岸出境的首趟班列,标志着中欧班列(沈阳)实现"三通道五口岸"全覆盖。

6月

▲15日 关长郝炜明、党委纪检组组长姜继远、缉私局局长赵春平、副关长苏英华、副关长吴刚、政治部主任韩勇、副关长齐湨在沈阳海关机关收听收看全国海关党史学习教育专题党课。

▲21日 关长郝炜明、副关长吴刚会见中核辽宁核电有限公司党委副书记、总经理崔方水一行。

▲23日 辽中海关完成沈阳海关首批进口乳品报关单审核工作,共46票、货值1,562.3万元、货重1,245.9吨,主要为全脂乳粉、乳清粉等。

辽宁朝阳海关首次开展法检目录调整后出口铁粉属地查验工作,货重20吨、货值12.7万元。

7月

▲1日 关长郝炜明、党委纪检组组

长姜继远、缉私局局长赵春平、副关长苏英华、副关长吴刚、政治部主任韩勇、副关长齐溟在沈阳海关收听收看习近平总书记在庆祝中国共产党成立100周年大会上重要讲话现场直播。

▲7日　驻总署纪检监察组组长、总署党委委员陶治国到沈阳海关，对沈阳海关全面从严治党、党风廉政建设和反腐败工作情况开展调研，督导"现场监管与外勤执法权力寻租"专项整治工作。

▲8日　关长郝炜明主持召开党委（扩大）会议暨统筹口岸疫情防控和促进外贸稳增长工作指挥部会议，传达总署加强新冠肺炎疫情安全防护工作视频会议精神。

▲22日　关长郝炜明、副关长苏英华、副关长吴刚、政治部主任韩勇、副关长齐溟在沈阳海关参加党委理论学习中心组学习，集体学习习近平总书记"七一"重要讲话精神，党委委员围绕学习主题进行交流研讨。

8月

▲4日　关长郝炜明、副关长苏英华、政治部主任韩勇、副关长齐溟参加总署党委第三巡视组巡视沈阳海关党委情况视频反馈会，总署党委巡视工作领导小组成员、驻署纪检监察组副组长吴戈对抓好巡视整改工作提出具体要求，总署党委第三巡视组组长黄新民反馈巡视意见。党委书记、关长郝炜明主持会议并代表关党委做表态发言。

▲9日　辽宁省副省长陈绿平一行到沈阳海关调研，在监控指挥中心通过视频系统了解沈阳海关关区监管业务基本情况、卫生检疫作业流程情况，观看辽宁集铁国际物流有限公司海关监管作业场所通关情况，召开座谈会，听取关长郝炜明关于沈阳海关统筹口岸疫情防控和促进外贸稳增长工作情况的介绍。副省长陈绿平对沈阳海关工作给予肯定并提出工作要求。

关长郝炜明陪同副省长陈绿平到沈阳桃仙国际机场调研疫情防控有关工作。

▲24日　关长郝炜明主持召开沈阳海关事业单位所属企业脱钩工作会议。

9月

▲2日　沈阳海关圆满完成第八批在韩志愿军烈士遗骸入境卫生检疫和监管通关工作。

▲3日　关长郝炜明、政治部主任韩勇在沈阳海关慰问向重点乡村选派干部，对新一批选派工作提出总体要求。办公室、人教处、机关党委负责人参加会议。

▲15日　关长郝炜明、缉私局局长赵春平、副关长苏英华、副关长吴刚、政治部主任韩勇参加沈阳海关党委巡视整改专题民主生活会，关长郝炜明主持会议，代表党委班子做对照检查。

10月

▲11—12日　关长郝炜明、副关长苏英华、副关长吴刚、政治部主任韩勇、副关长齐溟出席中国共产党沈阳海关直属机关第二次代表大会，省直机关工委委员到会指导，二级巡视员张广泰出席会议，关区各级党组织共154名党员代表参加会议。

▲18—19日　关长郝炜明、政治部主任韩勇在沈阳海关参加隶属海关党委工作交流会，关长郝炜明对隶属海关党委提出工作要求，政治部主任韩勇进行会前动员讲话，办公室、财务处、人教处、机关党委、监察室负责人就严格落实党委工作规则、全面履行党委职责相关工作进行交流，各隶属海关负责人就学习收获、履职体会等进行交流发言。

▲29日　关长郝炜明、副关长苏英华、副关长吴刚、政治部主任韩勇、副关长齐溟在沈阳海关收听收看全国海关疫情防控工作视频会议。

关长郝炜明主持召开第三十七次指挥部会议，第一时间就贯彻落实全国海关疫情防控工作视频会议精神做出部署。

11月

▲24日　关长郝炜明在辽宁友谊宾馆以视频连线方式参加中国东北地区和俄罗斯远东及贝加尔地区政府间合作委员会双方主席会晤。

关长郝炜明主持召开沈阳海关第四十一次形势分析及工作督查例会暨第三十九次统筹口岸疫情防控和促进外贸稳增长工作（扩大）会议，学习贯彻习近平总书记近期重要讲话和指示批示精神，听取贯彻落实习近平总书记重要指示批示精神情况以及其他重点工作进展的汇报，关领导做点评讲话，关长郝炜明提出工作要求。

▲29日　关长郝炜明、政治部主任韩勇在沈阳海关参加部分隶属单位基层党建推进会，就深入贯彻落实沈阳海关加强党风廉政建设15个方面50条措施、开展构建基层党组织"网格式"管理机制试点进行深入研讨。关长郝炜明要求各相关部门要深刻理解开展构建基层党组织"网格式"管理机制试点的重要意义，统一思想、提高认识，将此项工作作为落实全面从严治党部署的重要抓手，纳入议事日程，精心部署、周密安排；试点工作要以有效落实责任为核心，抓实落细基层党组织的教育管理责任，推进全面从严治党向基层延伸；要尊重群众的首创精神，结合工作实际，创新方法手段，细化具体措施；要注重工作方法，坚持群众路线，集中广大干部职工的智慧，及时总结提炼经验。

12月

▲2日　关长郝炜明、政治部主任韩勇参加沈阳海关巡察工作领导小组会议，

会议听取2021年第一轮巡察整改评估情况汇报，审议通过2021年第二轮"疫情防控"专项巡察和常规巡察情况报告。关长郝炜明肯定巡察工作，要求扎实推进巡察整改，紧盯全面从严治党责任落实不到位、领导干部能力素质不足、日常监督管理有漏洞、基层基础建设薄弱等问题，明确整改时间表、路线图，确保问题清零；要强化被巡察党组织整改主体责任，相关职能部门加强日常监督，综合运用责任分析、责任追究和"回头看"，确保整改到位，形成固化长效制度机制；要务求实效，围绕巡察5年全覆盖任务，创新方式，科学组织，精准监督，探索巡察监督、派驻监督、审计监督、纪律监督、干部监督等统筹衔接和协调配合，相互补充、相互助力、相得益彰，建立形成有特色的大监督工作格局。

▲3日 关长郝炜明、副关长苏英华、政治部主任韩勇参加沈阳海关党委理论学习中心组（扩大）学习暨党的十九届六中全会精神专题宣讲，观看中央党校韩庆祥教授的主讲课程《〈中共中央关于党的百年奋斗重大成就和历史经验的决议〉的逻辑、精髓及其深意》、国家行政学院周文彰教授的主讲课程《未来我们这样继续成功——党的十九届六中全会精神解读》。

▲7日 关长郝炜明在辽宁人民会堂收听收看全国新冠肺炎疫情防控工作电视电话会议。

关长郝炜明在沈阳海关主持召开第四十次统筹口岸疫情防控及促进外贸稳增长工作指挥部（扩大）会议，传达学习会议精神，研究部署沈阳海关疫情防控工作，要求切实担负起疫情防控政治责任，做好"两节"及北京冬奥会疫情防控准备工作；保持疫情防控工作定力，从严从细持续提升工作水平；正视疫情防控严峻复杂形势，坚定战胜疫情的信心决心。

▲21日 关长郝炜明、政治部主任韩勇在沈阳海关参加总署党委党史学习教育专题民主生活会征求意见专题会议，关长郝炜明要求高度重视此项工作，围绕征求意见的5个方面内容，立足发挥海关职能作用、结合关区工作实际，突出问题导向，形成贴近主题、观点鲜明、具有沈阳海关特色的反馈意见。政治部主任韩勇对各部门单位发言做点评。

▲24日 关长、党委书记、沈阳海关统筹口岸疫情防控和促进外贸稳增长工作总指挥郝炜明主持召开指挥部第四十一次会议，研究入境客运航空器终末消毒监督相关工作，原则通过《沈阳海关入境客运航空器终末消毒监督自查督查工作方案》。关长郝炜明要求高度重视、严格执行总署工作要求，牢牢守住来之不易的疫情防控成果；既要明确责任，又要协作配合，相关部门、单位要形成合力确保工作方案有效执行，并取得良好效果；各工作组要举一反三、防患未然，加严加密各领域疫情

防控措施。

▲30日 关长郝炜明主持召开沈阳海关第四十二次形势分析及工作督查例会暨第四十二次统筹口岸疫情防控和促进外贸稳增长工作指挥部（扩大）会议，学习贯彻习近平总书记近期重要讲话和重要指示批示精神，听取贯彻落实习近平总书记重要指示批示精神情况以及其他重点工作进展的汇报，关领导做点评讲话，关长郝炜明提出工作要求。

第九篇

荣誉榜

建党百年荣获全国、海关总署、辽宁省、沈阳海关"两优一先"名录

一、辽宁省直机关"两优一先"名单

沈阳桃仙机场海关党总支、锦州海关机关党委获评辽宁省直机关先进基层党组织；

机关党委李晓松、铁岭海关卜爽获评辽宁省直机关优秀党务工作者；

财务处牟海琳、铁西海关姜明获评辽宁省直机关优秀共产党员。

二、沈阳海关"两优一先"名单

（一）"沈阳海关优秀共产党员"名单。

惠兴范	法规处党支部
李洪波	关税处党支部
赵海燕	卫生检疫处党支部
高　奇	商品检验处党支部
吴征宇	口岸监管处党支部
刘雅菊	统计分析处党支部
徐　歆	财务处党支部
张海涛	科技处党支部
张　扬	督察内审处党支部
王　珩	政工办党支部
魏　来	离退休干部办公室党支部
赵一男	风险防控分局党支部
葛芯岚	海关学会党支部
陈　钊	沈阳桃仙机场海关党总支
王　真	沈阳桃仙机场海关党总支
刘东生	沈阳邮局海关党总支
张　慧	铁西海关党总支
丁　军	浑南海关党总支
张　凡	辽中海关党总支
王雅琦	抚顺海关党总支
王　俊	锦州海关机关党委
关　健	锦州海关机关党委
邱丽妍	阜新海关党总支
张　宇	辽阳海关党总支
李温明	铁岭海关党总支
蔡　宇	辽宁朝阳海关党总支
孟　帅	葫芦岛海关党总支
张京雷	沈抚新区海关党总支
刘　鑫	数据分中心党支部
李　莎	沈阳国际旅行卫生保健中心党支部

(二)"沈阳海关优秀党务工作者"名单。

吴思夷	办公室党支部
王溪竹	自贸区和特殊区域发展处党支部
李　瑞	动植物和食品检验检疫处党支部
刘伟厚	企业管理和稽查处党支部
赵　月	监察室党支部
徐学良	老干部党总支
庞　礴	沈阳桃仙机场海关党总支
曹铁民	铁西海关党总支
徐　波	辽中海关党总支
史大涌	抚顺海关党总支
杨顺吉	锦州海关机关党委
王艳慧	辽宁朝阳海关党总支
王　建	葫芦岛海关党总支
赵　格	沈抚新区海关党总支
马　进	沈阳海关技术中心党总支

(三)"沈阳海关先进基层党组织"名单。

综合业务处党支部
人事教育处党支部
沈阳邮局海关监管一科党支部
铁西海关办公室党支部
浑南海关核查二科党支部
辽中海关监管科党支部
阜新海关综合业务科党支部
辽阳海关办公室党支部
铁岭海关保税监管科和查检科联合党支部
后勤管理中心党支部

三、沈阳海关首次荣获"光荣在党50年"纪念章名单

张均仁	吴　维	鄂育池	刘文会
任允禧	王福臣	边树志	王　林
刘义清	杜保康	赵长敏	丁令海
阚玉林	顾书成	石修建	李忠林
吴坤浦	高殿恒		

"中国海关史料丛书" 编委会

主 任 委 员　　胡 伟

副 主 任 委 员　　黄冠胜　杨振庆

编 委 会 委 员　　刘学透　赵燕敏　吴瑞祥　刘书臣　黄秀生
　　　　　　　　　李海勇　王晓刚　田 壮　王 虹　刘先中

执 行 主 编　　谢 放　詹庆华　郭志华

编　　　　辑　　房 季　王 虎　解 飞　范嘉蕾　李 多
　　　　　　　　刘金玲　贺 红